BERNHARD MANKWALD

DAS REZEPT DES DR. MARX

AF191870

Über dieses Buch

Zu den Autoren, die die treffendsten Kommentare zur globalen Finanzkrise liefern, gehört trotz des Alters seiner Schriften Karl Marx. Die etablierte Politik kann seine Diagnose trotzdem weiterhin ignorieren, da die Linke durch schwerwiegende politische Erblasten behindert wird.

Das Buch zeigt Marx als einen Autor, der eine lange demokratische Tradition mit besonderer analytischer Schärfe und Konsequenz fortsetzt. Seine berühmte Formel von der „Diktatur des Proletariats" wird im Kontext ihrer Zeit verstanden und auf ihre vielfältigen Implikationen untersucht. Dabei zeigt sich, daß Marx die Gefahr einer „Diktatur über das Proletariat" durchaus gesehen und entschieden bekämpft hat. Seine Thesen können auch für unsere Gegenwart fruchtbar gemacht werden – allerdings müssen sie dazu im dialektischen Sinne aufgehoben werden.

Bernhard Mankwald wurde 1955 in Walsum geboren. Er studierte Psychologie und Philosophie in Bochum, promovierte über ein denkpsychologisches Thema und war lange im Bereich der Forschung und Entwicklung tätig. Sein aktueller Forschungsschwerpunkt ist die Psychologie sozialer Konstrukte in ihrem historischen und erkenntnistheoretischen Kontext.
Weitere Informationen: <http://bernhard.mankwald.eu>.

Bernhard Mankwald

Das Rezept des Dr. Marx

Despotismus oder Demokratie?

*Bibliografische Information der Deutschen Bibliothek:
Die Deutsche Bibliothek verzeichnet diese Publikation
in der Deutschen Nationalbiografie; detaillierte
bibliografische Daten sind im Internet unter
<http://dnb.ddb.de> abrufbar.*

© 2010 – Bernhard Mankwald
Satz und Umschlaggestaltung: Bernhard Mankwald
Herstellung und Verlag: Books on Demand GmbH,
Norderstedt
Printed in Germany
Dieses Buch wurde im On-Demand-Verfahren
hergestellt.

ISBN: 978-3-8391-3478-8

Inhalt

1. Eine unerwünschte Diagnose

Sie versuchten, das Leiden ihrer Zeit zu kurieren. Da es sich wohl um einen Geburtsfehler handelte, war ihre Beschäftigung gesichert. Sie hatten die Hand am Puls der Wirtschaft und registrierten jede Regung des Patienten. Ging es ihm schlechter, war ihr Rat gefragt. Ging es ihm besser, konnten sie sich das als Verdienst anrechnen, vor Exzessen warnen und die Tatsache ignorieren, daß die chronischen Symptome blieben.

Da wurde ihre gewohnte Praxis mit einem Mal gestört. Eine Epidemie war ausgebrochen. Sie befiel nicht etwa einzelne Menschen, sondern drohte die ganze Gesellschaft in einen Zustand der Barbarei zu stürzen, indem sie Industrie und Handel vernichtete. Unternehmen, die man für kerngesund gehalten hatte, gerieten ins Schwanken und flehten um Hilfe. Scheinbar solide Wertpapiere wurden von den eiskalten Winden des Markts fortgeweht wie welke Blätter; man behandelte sie, als wären sie giftig.

Schon vor langer Zeit hatte ein bekannter Wissenschaftler diese Symptome beschrieben und auch Gegenmittel vorgeschlagen. Seine Schüler hatten das Unheil kommen sehen und sparten nicht mit Ratschlägen. Das behandelnde Kollegium jedoch dachte gar nicht daran, auf diese Störenfriede zu hören. Es brachte den Patienten mit Anregungsmitteln und Placebos dazu, ihm eine weitreichende Behandlungsvollmacht zu erteilen. Dann zog es eine Gruppe von Kollegen hinzu, die die gewohnte Behandlung mit erhöhter Dosis fortsetzen wollten. Es sieht so aus, als könne der Patient sich auf eine Roßkur gefaßt machen.

Die Finanzkrise des Jahres 2008 konnte fürs erste eingedämmt werden, überstanden ist sie kaum. Die Folgen für Handel und Industrie werden erst allmählich in ihrer ganzen Tragweite sichtbar. Unterdessen haben die Spekulanten ihr Geschäft bereits wieder mit altem Elan aufgenommen. Von der Wirtschaftskrise profitieren vorerst ausgerechnet die Liberalen, die weiterhin an den Rezepten festhalten, die diese Krise erst ermöglicht haben. Die Diagnose des Dr. Marx dagegen ignorieren die Regierungen, da angeblich die Rezepte dieses Wissenschaftlers schlimmer sind als die Krankheit selbst.

In den folgenden Kapiteln geht es um die Analyse von Marx, die in der Krise verblüffend aktuell wirkt – aber auch um die Bedenken, die seine Lösungsvorschläge vielfach hervorrufen. Das gilt vor allem für seine Thesen über Demokratie und Diktatur, die auf den ersten Blick widersprüchlich wirken. Nach Ansicht seiner Gegner hat Marx hier sehr gefährliche Rezepte unbedacht verbreitet und muß daher auch für die Folgen verantwortlich gemacht werden.

Ob Marx tatsächlich ein derartiger politischer Kurpfuscher war, soll hier geklärt werden; wir werfen dazu zunächst einen Blick auf seine Diagnose und seine Behandlungsvorschläge.

2. Die Linke in der Krise

Neue Aufgaben, alte Konzepte

Die Krise vieler Großbanken und Industrieunternehmen führt zu erstaunlichen Wendungen auf der politischen Szene. Angeblich leere Staatskassen geben mit einem Mal immense Beträge her. Politiker, die eigentlich die Rolle des Staates in der Wirtschaft auf ein Minimum reduzieren wollten, vergeben Subventionen und Bürgschaften, deren Gesamtbeträge in die Billionen Euro oder US-Dollar gehen. Der Staat, der seine verbliebenen Beteiligungen gerade zum Ausverkauf ausschreiben wollte, sah sich veranlaßt, Anteile an den größten Banken zu übernehmen. Geblieben ist allerdings die Grundhaltung: während man sich mit größter Aufmerksamkeit um notleidende Banken und notleidende Kredite kümmert, hält man bei notleidenden Menschen weiterhin strikte Sparsamkeit für geboten. Üppig ist nur das Arsenal bürokratischer und juristischer Maßregeln, mit denen sie unter Kontrolle gehalten werden sollen.

Unzufriedenheit mit diesen Zuständen ist weit verbreitet. Von ihr profitiert die vor wenigen Jahren gegründete Linkspartei, die im Bundestag fest etabliert ist und auch in den Ländern an Bedeutung gewinnt. Das Ausmaß ihrer Stimmengewinne ist jedoch im Grunde sehr bescheiden, wie die Ergebnisse der Bundestagswahl 2009 zeigen: hier verlor die SPD im Vergleich zur vorhergehenden Wahl mehr als 6 Millionen Stimmen, die Linkspartei gewann gerade einmal eine Million. Durch diesen Zerfall der SPD entsteht ein politisches Vakuum, in dem die CDU trotz herber eigener Verluste im Bund und in den Ländern weiterhin die politische Szene beherrscht.

In den übrigen Ländern Westeuropas ist die Lage ähnlich, wobei sich die linken Kräfte aber oft noch schwächer und zersplitterter präsentieren. Statt dessen profitiert etwa in Österreich und der Schweiz die ausländerfeindliche Rechte von der aktuellen Misere.

Dieser Stand der Dinge sicher damit zusammen, daß überzeugende Alternativen zur gegenwärtigen Politik kaum erkennbar sind. Ein neuer Ausbau der sozialen Sicherung wird kaum durchzusetzen sein und verspricht keine grundsätzlichen Änderungen. Sozialistische Ansätze dagegen gelten weithin als diskreditiert und durch die Praxis widerlegt.

Zurück zur Sozialpolitik?

Vor der Bundestagswahl 2002 erhöhte die Koalition aus Sozialdemokraten und Grünen die Freibeträge für die Arbeitslosenhilfe und ermöglichte es damit erstmals auch Menschen, die länger arbeitslos waren, ein gewisses Maß an Vermögen zu behalten. Nach der Wahl schafften die beiden Parteien die Arbeitslosenhilfe ab und machten Millionen Menschen de facto zu Sozialhilfeempfängern. Daß bereits Teile der „Reform" für verfassungswidrig erklärt wurden, wie etwa die Aufgabenverteilung zwischen Bund und Kommunen und die willkürliche Festsetzung der Regelsätze, stört die Urheber wenig; die Bereitschaft zu Änderungen beschränkt sich auf kosmetische Korrekturen. Ein Wiederausbau des sozialen Systems ist unter den aktuellen Mehrheitsverhältnissen in Deutschland daher kaum zu erwarten.

Ein solcher Impuls könnte eher noch aus den USA kommen, wo das System der sozialen Sicherung vor allem im Gesundheitswesen längst nicht so weit ausgebaut ist wie bei uns. Viele Anhänger Obamas erwarteten von ihm eine ähnliche Politik, wie Roosevelt sie ebenfalls in einer schweren Wirtschaftskrise einführte. Durchsetzen lassen sich bei den gegenwärtigen Mehrheitsverhältnissen im Kongress allerdings wohl nur halbherzige Lösungen, zumal diese Debatte vor dem Hintergrund eines riesigen Haushaltsdefizits und einer katastrophalen Handelsbilanz stattfindet.

Welche Erfolge ein Staat erzielen kann, der die Wirtschaft aktiv lenkt, zeigt der erstaunliche Aufschwung Chinas, das vorerst auch zu den Ländern gehört, die die aktuelle Krise am besten überstehen. Anscheinend braucht man heutzutage schon Kommunisten, um eine ordentliche sozialdemokratische Politik zu treiben. Auch die chinesische Prosperität beruht allerdings maßgeblich auf der Verschuldung der USA und ist von dieser Schuldenlast bedroht.

Eine gründliche Analyse der gegenwärtigen Krise und ihrer Lösungsmöglichkeiten ist also gefragt; Ansätze dazu sind auch längst bekannt.

Ein aktueller Autor

In Zeiten, in denen Anlagen im Nennwert von Hunderten von Milliarden sich als rein fiktive Werte erweisen, fällt es selbst neoliberalen Politikern auf, daß Marx mindestens mit einigen Punkten seiner Analyse recht hatte. Die aktuelle Finanzkrise etwa wäre ihm nicht als neues Phänomen erschienen: „Der Produktionsprozeß erscheint nur als unvermeidliches Mittelglied, als notwendiges Übel zum Behuf des Geldmachens. Alle Nationen kapitalistischer Produktionsweise werden daher periodisch von einem Schwindel ergriffen, worin sie ohne Vermittlung des Produktionsprozesses das Geldmachen vollziehen wollen."[1]

Auch Aufsichtsräte, die ihre Pflichten höchst nachlässig wahrnehmen, waren Marx bereits bekannt: „Auf Basis der kapitalistischen Produktion entwickelt sich bei Aktienunternehmungen ein neuer Schwindel mit dem Verwaltungslohn, indem neben und über dem wirklichen Dirigenten eine Anzahl Verwaltungs- und Aufsichtsräte auftritt, bei denen in der Tat Verwaltung und Aufsicht bloßer Vorwand zur Plünderung der Aktionäre und zur Selbstbereicherung wird."[2]

Gespeist werden diese und andere Geschäfte durch den Kredit, mit dem Marx sich sehr ausführlich beschäftigt hat.[3] Auf kurze Sicht kann man mit seiner Hilfe Unregelmäßigkeiten im Wirtschaftskreislauf überbrücken, wie etwa die aktuellen Milliardenverluste der Banken oder der Automobilindustrie. Auf lange Sicht entstehen so allerdings oft riesige Verbindlichkeiten, denen kein realer Wert gegenübersteht. Zur Zeit erleben wir in seit langem nicht gekannter Schärfe, wie deren Zusammenbruch das Wirtschaftssystem bis in seine Grundfesten erschüttern kann.

Es kann daher nicht überraschen, daß Marx auch die Krise der Realwirtschaft, die der Finanzkrise unvermeidlich folgen muß, präzise beschrieben hat. Er vergleicht sie mit einer Epidemie – jener Epidemie, von der bereits im ersten Kapitel die Rede war: „In den Handelskrisen wird ein großer Teil nicht nur der erzeugten Produkte, sondern der bereits geschaffenen Produktivkräfte regelmäßig vernichtet. In den Krisen bricht eine gesellschaftliche Epidemie aus, welche allen früheren Epochen als ein Widersinn erschienen wäre – die Epidemie der Überproduktion. Die Gesellschaft findet sich plötzlich in einen Zustand momentaner Barbarei zurückversetzt; eine Hungersnot, ein allgemeiner Vernichtungskrieg scheinen ihr alle Lebensmittel abgeschnitten zu haben; die Industrie, der Handel scheinen vernichtet, und warum? Weil sie zuviel Zivilisation, zuviel Lebensmittel, zuviel Industrie, zuviel Handel besitzt.“[4]

Derart treffend also hat Marx über einen Zeitraum von 160 Jahren hinweg höchst aktuelle Zustände vorweggenommen. Es müßte daher lohnen, seinen Ansatz zu aktualisieren und systematisch auf unserer Gegenwart anzuwenden, und eine politische Richtung, die dies versucht, sollte breite Zustimmung erwarten können. Einen Grund dafür, daß der Applaus sich bisher in Grenzen hält, hat Marx ebenfalls beschrieben: „Die Tradition aller toten Geschlechter lastet wie ein Alp auf dem Gehirne der Lebenden.“[5] Derartige Erblasten nämlich lähmen heute ausgerechnet diejenigen, die sich für seine legitimen Erben halten.

Linke Erblasten

„Tote Geschlechter" in einem ungeahnt wörtlichen Sinne haben sowohl Stalin als auch Mao hinterlassen. Beide beriefen sich in der Theorie auf Marx, orientierten sich in der Praxis aber vor allem an Lenin, den sie als dessen legitimen Nachfolger betrachteten. Ganze Generationen wurden dezimiert, viele der Überlebenden durch Hungersnöte und Repression geprägt. Die proklamierte klassenlose Gesellschaft haben beide Staatsmänner nicht hinterlassen, im Gegenteil haben sich ihre Nachfolger dem einst verpönten kapitalistischen System zugewandt.

Immensen Opfern stehen aber auch große Leistungen gegenüber. Beide Länder wurden in wenigen Generationen von einem niedrigen Ausgangsniveau aus zu modernen Industriestaaten ausgebaut. Dadurch gewannen sie auch die Kraft, sich gegen Angriffe von außen zur Wehr zu setzen. Im Kampf gegen Hitler trug die neuformierte Sowjetunion die Hauptlast der Kämpfe und gehörte zu den Siegern. Ebenso machte sich China unter Mao von direkter wie indirekter Einmischung aus dem Ausland frei und schuf damit eine Grundvoraussetzung für seinen Wiederaufstieg.

Lange Zeit konnte man hoffen, daß der wirtschaftliche Fortschritt auch einen politischen Fortschritt zu einem echten demokratischen Sozialismus mit sich bringen würde. Unter diesen Umständen war es verständlich, daß Versuche, zu Marx zurückzukehren, oft bei Lenin endeten, wie etwa Dutschkes „Versuch, Lenin auf die Füße zu stellen"[6] oder Bahros Suche nach einer politischen „Alternative".[7] Daß Lenin auch nach dem Ende der Sowjetunion und der Wende Chinas zum Kapitalismus noch viele Anhänger hat, ist auf den ersten Blick erstaunlich; der Versuch, dies zu erklären, würde den Rahmen des vorliegenden Buches sprengen und muß einer künftigen Veröffentlichung vorbehalten bleiben.

Ohne Schwierigkeiten dagegen läßt sich die Entwicklung unter Stalin und Mao in der Ausdrucksweise der marxistischen Ökonomie beschreiben. Sie stellt sich dann als eine Periode der ursprünglichen Akkumulation dar, ähnlich dem Frühstadium der westlichen Industrialisierung, in dem den Bauern die Verfügung über ihr Land genommen wurde und eine enorme Ausbeutung der vorhandenen Arbeitskräfte die Ansammlung großer Kapitalien ermöglichte.[8] Auch für Schauprozesse, Arbeitslager und Hungersnöte gilt daher, was Marx sarkastisch über die Kolonialkriege und Sklavenjagden der westeuropäischen Industrienationen sagte: „Diese idyllischen Prozesse sind Hauptmomente der ursprünglichen Akkumulation."[9]

Ein direkter Weg zu Marx

In einem Terrain, das derart mit Fußangeln und Fallstricken gespickt ist, ist auch die Vorsicht verständlich, mit der ein Politiker wie Oskar Lafontaine den Weg zurück zu Marx sucht. In seiner Rede auf dem

Parteitag der Linken 2008 in Cottbus[10] etwa berief er sich auf Horkheimer und Adorno, auf Walter Benjamin, auf Rosa Luxemburg. Lafontaine weist damit auf eine Tradition hin, auf die seine Partei stolz sein kann. Zugleich hat er einen Weg zurück zu Marx gefunden, der die Hindernisse umgeht – scheinbar also einen sicheren Weg.

An dessen Ende allerdings warten gewisse Steine des Anstoßes; einer der größten findet sich im folgenden Zitat: „Zwischen der kapitalistischen und der kommunistischen Gesellschaft liegt die Periode der revolutionären Umwandlung der einen in die andre. Der entspricht auch eine politische Übergangsperiode, deren Staat nichts andres sein kann als die revolutionäre Diktatur des Proletariats.“[11]

Das Rezept, das Marx für die Probleme und Unzulänglichkeiten der kapitalistischen Gesellschaft hat, lautet also: „Diktatur des Proletariats“. In vielen Ohren klingt dies nach einer Radikalkur, die schlimmer sein ist als die Krankheit, zumal die Auffassung weit verbreitet ist, diese Parole sei in der Sowjetunion und den mit ihr verbündeten Ländern bereits verwirklicht worden.

War Marx also gegen die Demokratie? Um diese Frage beantworten zu können, müssen wir zunächst einen Blick auf die Entstehung und die Geschichte dieses vielschichtigen Begriffs werfen.

3. Antike und moderne Demokratie

Demokratie als Form der Herrschaft

Der Begriff der Demokratie wurde von den Griechen der Antike geprägt. Das bedeutet nicht unbedingt, daß sie auch die Herrschaftsform erfunden haben, die damit bezeichnet wird, sondern nur, daß unsere Überlieferungen in diesem Fall am besten sind; von den Verhältnissen bei anderen Völkern wissen wir sehr viel weniger, und dies wenige ist meist von Griechen und Römern überliefert und von ihrem Verständnis der Welt geprägt. Selbst da, wo andere Völker uns schriftliche Überlieferungen hinterlassen haben, wie die Minoer und die Völker der Indus-Kultur, können wir sie oft nicht lesen, weil uns der Schlüssel zum Verständnis der Aufzeichnungen fehlt.

Demokratie ist eine Form der Herrschaft und setzt damit eine differenzierte Gesellschaft voraus, in der einzelne Personen über Mittel verfügen, mit denen sie einen dauerhaften Anspruch auf Gehorsam durchsetzen können. Herrschaft steht einerseits im Gegensatz zu einem herrschaftsfreien Zustand, andererseits zu Formen der Führung, die auf freiwilliger Kooperation beruhen. Auch dieses Thema kann aber erst in einer künftigen Veröffentlichung eingehender behandelt werden.

Die Forderung nach Herrschaft des Volkes ist unter diesem Aspekt eine Antithese zur Herrschaft weniger oder gar eines einzelnen. Im Streit der Meinungen wurden aber auch schon solche Zustände als demokratisch bezeichnet, die sich dieser Beschreibung nur annäherten.

Eine neue Herrschaftsform und ihre Gegner

Die griechischen Stadtstaaten der Antike entwickelten sich unter heftigen inneren Kämpfen, in denen an vielen Orten schließlich auch die unteren Klassen der freien Bürger Einfluß auf politische Entscheidungen gewannen. Platon, nicht gerade ein Freund derartiger Neuerungen, sah darin grundsätzlich eine gewalttätige Usurpation: „Eine Demokratie entsteht, denke ich, alsdann bekanntlich, wenn die Armen nach gewonnenem Siege einen Teil der anderen Partei ermorden, einen Teil verbannen und dann die Übriggebliebenen gleichen Anteil an der Staatsverwaltung und den Staatsämtern nehmen lassen, und gewöhnlich ist es darin, daß die Obrigkeiten durch das Los gewählt werden."[12] Derlei Treiben mußte selbstverständlich böse Folgen haben; nach Ansicht Platons „geht die Tyrannis aus keiner anderen Staatsverfassung hervor als aus der Demokratie, aus der zur höchsten Spitze getriebenen Freiheit die größte und drückendste Knechtschaft."[13]

Zum demokratischen Staat gehören natürlich auch die passenden Staatsbürger. Einen solchen echten Demokraten schilderte Platon so: „Wenn ein junger Mensch, geistig verwahrlost und spärlich erzogen, [...] einmal von dem Honig für Drohnen gekostet hat und mit tollen Schweinigeln in Gesellschaft gerät, die Vergnügen aller Art und mit der größten Mannigfaltigkeit und Abwechslung meisterlich zu verschaffen wissen: so glaube, daß für ihn hier der Anfang ist, den oligarchischen Zustand seines Inneren in einen demokratischen zu verwandeln."[14]

Platon selbst hatte andere Vorstellungen, wie es „in dem dereinst vollkommen einzurichtenden Staate" zugehen sollte: „ihre Könige sind die, welche sowohl in der wahren Wissenschaft wie in dem praktischen Kriegswesen als die Besten geraten sind."[15] Er plädierte also für eine elitäre und autoritäre Regierung, der seine Philosophie als Herrschaftswissen dienen sollte.

Staatsformen im Vergleich

Etwas weniger parteiisch beurteilte Aristoteles die Demokratie, obwohl auch er diese Staatsform für eine Abweichung von wünschenswerten Grundsätzen hielt.

Aristoteles unterschied zwischen drei Grundformen der Staatsverfassung und ihren Entartungen: „Von den Monarchien pflegt man diejenige, die auf das gemeine Beste sieht, Königtum zu nennen, die Herrschaft weniger, die aber ihrer doch mehr sind als einer, Aristokratie, entweder darum, weil die Besten regieren, oder darum, weil diese Herrschaft das Beste für den Staat und seine Glieder verfolgt; wenn endlich das Volk den Staat zum gemeinen Besten verwaltet, so gebraucht man dafür die allen Staatsverfassungen gemeinsame Bezeichnung Politie. [...] Ausartungen der genannten Verfassungen sind: vom Königtum die Tyrannis, von der Aristokratie die Oligarchie und von der Politie die Demokratie."[16]

Etwas diskreter als Platon deutet damit auch Aristoteles seine Vorlieben an; ob eine herrschende Elite wirklich aus den Besten besteht und die besten Absichten verfolgt, ist ja meist durchaus strittig. Hier vermischt der Autor Beschreibung und Wertung.

Nicht ganz klar ist, warum das Wort „Politie" einmal die Staatsverfassung ganz allgemein bezeichnen soll, dann wieder eine besondere Verfassungsform, zumal letztere sich als diejenige herausstellt, die nach Auffassung des Autors die beste ist. Dabei ist diese Politie selbst wieder zusammengesetzt aus oligarchischen und demokratischen Elementen:

„So gilt es [...] für demokratisch, daß die Besetzung der Ämter durch das Los geschieht, und für oligarchisch, daß sie durch Wahl erfolgt, und wieder für demokratisch, daß für den Eintritt in die Ämter kein Zensus, und für oligarchisch, daß ein Zensus erfordert wird. [...] Eine gute Mischung aber von Demokratie und Oligarchie wird daran erkannt, daß es einem begegnen kann, ein und dieselbe Verfassung demokratisch und oligarchisch zu nennen."[17]

Die Demokratie ist also für Aristoteles die Entartung der Politie, deren unentbehrliches Element sie wiederum gemeinsam mit der ebenfalls entarteten Oligarchie bildet; aus der Mischung zweier schlechter Verfassungen entsteht so die beste überhaupt mögliche. Derartige Widersprüche erklären sich aus dem

Zwiespalt, in dem der Autor sich befindet: zum einen möchte er die bekannten Staatsformen seiner Gegenwart möglichst genau beschreiben, zum anderen möchte er Normen aufstellen; sein Ideal ist dabei eine möglichst stabile Staatsform, die das Eigentum schützt.

Widersprüche der antiken Demokratie

Widersprüche der dialektischen Art stecken aber auch in der Sache selbst, etwa im Begriff „Volk". Dieser bezeichnet zum einen die Gesamtheit aller Einheimischen eines Gebiets, die in der Regel durch gemeinsame Sprache und Abstammung verbunden sind, zum anderen das „einfache" Volk im Gegensatz zur Minderheit der Privilegierten. Mit mustergültiger Klarheit formulierten das die Demonstranten in Ostdeutschland im Herbst 1989; ihre Parole: „Wir sind das Volk" schloß die Staatsführung gleichzeitig aus dieser Gemeinschaft aus. Später wurde dann die Abwandlung: „Wir sind ein Volk" zum Motto der Eingliederung in einen anderen Staat mit einer anderen Führung.

„Demokratie" kann deshalb einmal eine Herrschaft bedeuten, die allen gleichen Einfluß gibt – was stets nur formal sein kann, solange es soziale Eliten gibt. Oder aber die Herrschaft des gewöhnlichen Volkes, das einerseits zur Abschaffung der bestehenden Eliten neigen muß, andererseits aus seiner Mitte bisher immer neue soziale Eliten hervorgebracht hat. Wie Plato und Aristoteles betonten, kam es in der Tat häufig vor, daß die vorgebliche und unvollkommene Herrschaft der

Mehrheit in die Herrschaft einer neuen Elite umschlug. Der Grundwiderspruch dieser Staatsform ist daher der zwischen dem Recht der Mehrheit auf politische Gestaltung und dem Recht auf Eigentum, das seinen Inhabern immer auch besonderen Einfluß und damit Privilegien verleiht. Es ist daher verständlich, daß Aristoteles und erst recht Plato die Demokratie ablehnten.

Unglaubwürdig wird die antike Demokratie aus heutiger Sicht aber vor allem dadurch, daß auch die vorgebliche Mehrheit in Wirklichkeit nur einen Bruchteil der Bevölkerung ausmachte. Ausgeschlossen waren von ihr die Frauen; nach Ansicht des Aristoteles etwa „verhält sich Männliches und Weibliches von Natur so zueinander, daß das eine das Bessere, das andere das Schlechtere und das eine das Herrschende und das andere das Dienende ist."[18] Ausgeschlossen waren die Sklaven, die vielerorts die Mehrheit ausmachten; sie und andere Handarbeiter erklärt der große Philosoph kurzerhand für Untermenschen: „Die so weit voneinander abstehen, wie die Seele vom Leibe und der Mensch vom Tiere – und das ist bei allen denen der Fall, deren Aufgabe im Gebrauch ihrer Leibeskräfte besteht und bei denen das die höchste Leistung ist – die also sind Sklaven von Natur, und es ist ihnen besser, sich in dieser Art von Dienstbarkeit zu befinden[...]"[19] Ausgeschlossen waren neben Kindern und Jugendlichen auch die Nichtbürger, also diejenigen, die nicht seit Generationen ihre Abstammung von Bürgern nachweisen konnten. Der Begriff „Volk" ist für diese antiken Staatstheoretiker also ein Kampfbegriff, mit dem Fremde, Sklaven und Frauen ausgegrenzt werden, die nach dieser Auffassung eben nicht zum „Volk" gehören.

Aristoteles ist sich dieses Zusammenhangs durchaus bewußt. Er behandelt diese Fragen gleich zu Anfang seines Werkes über „Politik" und erkennt damit die genannten Formen der Ungleichheit als Basis aller Staatsformen an, mit denen er sich beschäftigt. Noch anschaulicher schildert Platon die Verderbnis der Demokratie: „der höchste Grad von Volksfreiheit, die in einem solchen Staate zum Vorschein kommen kann, tritt ein, wenn bekanntlich die gekauften Sklaven und Sklavinnen ebenso frei sind wie die kaufenden Herren und Herrinnen. Im Verhalten aber der Weiber zu Männern und der Männer zu Weibern, wie groß da die Gleichheit und Freiheit ist, das hätte ich beinahe vergessen zu erwähnen!"[20]

Unser Bild der antiken „Demokratie" erweist sich also bei näherer Betrachtung als Werk ihrer Gegner; hinter deren Abneigung stand die Furcht vor der Befreiung der Sklaven.

Zuzustimmen ist Aristoteles, wenn er die meisten real existierenden Verfassungen als Mischungen demokratischer und oligarchischer Elemente betrachtet. Wie derartige Elemente sich konkret auswirken, läßt sich aber im Grunde erst aufgrund empirischer Untersuchungen beurteilen und kann je nach den Umständen durchaus unterschiedlich sein. Die Meinungen darüber haben sich jedenfalls mit der Zeit geändert: die Wahl als Verfahren zur Bestimmung von Amtsträgern, die Aristoteles noch als oligarchischen Zug bezeichnete, gilt heute als Kern jedes demokratischen Verfahrens. Das Losverfahren, das Aristoteles und Platon als spezifisch demokratisch empfanden, ist dagegen aus der Übung gekommen. Lernen können wir von Aristoteles schließlich, daß einige demokratische Züge in einer Verfassung noch lang keine Demokratie ausmachen.

Eine Republik von Grundbesitzern

Der von Aristoteles geprägte Begriff der „Politie" ist heute kaum noch gebräuchlich. Durchgesetzt hat sich dagegen der Begriff der „Republik", der in einer anderen Sprache etwas sehr ähnliches bedeutet.

Von den Griechen zunächst kaum beachtet, entwickelte sich in Italien das dauerhafteste und mächtigste Staatswesen der Antike. Seinen Kern bildeten rund 300 Familien von Grundbesitzern, deren Oberhäupter sich im „Senat" versammelten. Sie machten gemeinsame Sache und nannten das „res publica", öffentliche Angelegenheiten. Die wichtigsten Staatsämter verteilten sie untereinander; dabei wahrten sie das Machtgleichgewicht, indem sie einander nur kurze Amtszeiten gönnten und alle Ämter mehrfach besetzten, wobei jeder Beamte Amtshandlungen seiner Kollegen verhindern konnte.

Durch langwierige innere Auseinandersetzungen waren die mächtigen Familien schließlich gezwungen, sich mit dem „Volk" zu arrangieren; die Selbstbezeichnung des Staates als „Senatus Populusque Romanus", Senat und Volk von Rom, zeigt, daß diesem dabei nur der Status eines Juniorpartners zukam.

Immerhin durfte das Volk über die Kandidaturen der neuen Beamten abstimmen. Dabei hatten aber die Vertreter der ländlichen Bezirke ein enormes Übergewicht, während die Stimmen der viel zahlreicheren Stadtbewohner kaum zählten. Die höchsten Beamten wurden ohnehin fast ausschließlich von den wohlhabendsten Klassen gewählt.[21]

Waren demokratische Elemente in dieser Staatsordnung also sehr spärlich vertreten, so hatte sich das Volk mit der Institution der „Volkstribunen" gewissermaßen einen eigenen Staat im Staate erkämpft. Sie konnten alle Amtshandlungen anderer Beamter verhindern und Volksversammlungen einberufen, deren Beschlüsse für das gesamte Gemeinwesen galten; dies war das einfachste und deshalb häufigste Verfahren zur Gesetzgebung. Die Macht der Tribunen fand ihre Grenzen aber daran, daß jeder ihrer zahlreichen Kollegen auch gegen ihre Amtshandlungen sein Veto einlegen konnte. Wenn sie ihre Macht ernsthaft gefährdet sahen, pflegten die herrschenden Familien unliebsame Volkstribune zudem unter einem gesetzlichen Vorwand – oder auch ohne einen solchen – umzubringen; dies wiederfuhr Politikern wie Tiberius und Gaius Gracchus, Livius Drusus und Clodius.

Dieses System blieb so lange stabil, bis Kriege außerhalb Italiens einzelnen Heerführern eine übermäßige Machtposition verschafften. Nach jahrzehntelangen Bürgerkriegen übernahm schließlich der erfolgreichste unter ihnen die Macht. Ihm blieb es vorbehalten zu zeigen, daß die Formen der römischen Republik auch dazu taugten, eine Alleinherrschaft zu bemänteln.

Die klassische Fassade blieb noch lange ansehnlich, bröckelte aber im Laufe der Jahrhunderte doch immer mehr ab, bis sie den Blick auf eine unverhohlen despotische Herrschaft freigab. Für akademische Diskurse über mögliche alternative Regierungssysteme war unter diesen Umständen kein Platz.

Neue Debatten in der Neuzeit

Vom Mittelalter an entstanden in verschiedenen Regionen neue Staatswesen mit republikanischer Verfassung; meist überwog in ihnen die oligarchische Komponente, wie in Venedig, den niederländischen Provinzen, den deutschen und schweizerischen Städten. Auch England wurde zeitweilig zur Republik, deren Machtelite bald aber die Rückkehr zur Monarchie vorzog. Damit gab die politische Praxis auch wieder Anlaß, sich theoretisch mit dem Vergleich verschiedener Staatsformen zu befassen. Die Sklaverei war inzwischen in Europa überwunden und fand daher auch keine Verteidiger mehr; fast ebenso selten waren aber auch die Befürworter der Demokratie.

Die Meinungen neuzeitlicher Autoren blieben selbstverständlich nicht unbeeinflußt von der Verfassung der Staaten, in denen sie lebten. So geht etwa Hobbes an seine Analyse der verschiedenen Staatsformen, die 1642 im monarchisch regierten Frankreich erschien, mit klaren Präferenzen: er will „zeigen, daß von den genannten Arten des Staates, der Demokratie, Aristokratie und Monarchie, letztere den Vorrang besitzt".[22] Im weiteren Verlauf demonstriert Hobbes seine Begabung für derartige Untersuchungen, indem er zu einem Ergebnis kommt, das diesen Absichten entspricht.

Spinoza dagegen plädiert für den demokratischen Staat, „da er der natürlichste scheint, und der, welcher der Freiheit, welche die Natur Jedem gewährt, am nächsten kommt. Denn in ihm überträgt Niemand sein natürliches Recht auf einen Anderen so, dass er niemals deshalb später gefragt zu werden braucht; sondern die Uebertragung geschieht an die Mehrheit der ganzen Gemeinschaft, von der er einen Theil bildet. So bleiben Alle sich gleich, wie in dem natürlichen Zustande. Ich habe ferner über diese Staatsform absichtlich handeln wollen, weil sie am meisten zu meinem Vorhaben passt, wonach ich über den Nutzen der Freiheit in der Republik handeln wollte."[23] Auch in den toleranten Niederlanden machte ein Autor sich mit solchen Äußerungen nicht gerade beliebt, vor allem wenn er zugleich sehr aufgeklärte Ansichten über religiöse Themen wie etwa die Entstehung der Bibel vertrat. Für seinen Lebensunterhalt war Spinoza daher auf seine Tätigkeit als Brillenschleifer angewiesen.

Auch Rousseau lehnt sich stark an den antiken Diskurs an. Bei aller Sympathie für die Demokratie zweifelt er doch stark an ihrer Realisierbarkeit: „Wenn man das Wort in der ganzen Strenge seiner Bedeutung nimmt, so hat es noch nie eine wahre Demokratie gegeben und wird es auch nie geben. Es verstößt gegen die natürliche Ordnung, daß die größere Zahl regiere und die kleinere regiert werde. Es ist nicht denkbar, daß das Volk unaufhörlich versammelt bleibe, um sich den Regierungsgeschäften zu widmen, und es ist leicht ersichtlich, daß es hierzu keine Ausschüsse einsetzen kann, ohne die Form der Verwaltung zu ändern.[...]

Wie viele schwer zu vereinigende Dinge setzt diese Regierungsform überhaupt voraus! Erstens einen sehr kleinen Staat, in dem das Volk leicht zu versammeln ist und jeder Bürger genügende Gelegenheit hat, alle anderen kennenzulernen; zweitens eine große Einfachheit der Sitten, die keine Veranlassung zu vielen schwierigen Arbeiten und Verhandlungen gibt, sodann fast vollkommene Gleichheit in bezug auf Stand und Vermögen, ohne die auch die Gleichheit der Rechte und der Macht keinen langen Bestand haben könnte; endlich wenig oder gar keinen Luxus, denn der Luxus ist entweder die Folge des Reichtums oder macht ihn nötig; er verdirbt nicht nur den Reichen, sondern auch den Armen, jenen durch den Besitz, diesen durch die Lüsternheit; er verwandelt das Vaterland in eine Stätte der Weichlichkeit und Eitelkeit; er entzieht dem Staate alle Bürger, um die einen zu Sklaven der anderen und alle zu Sklaven des Vorurteils zu machen."[24]

Rousseaus resignierte Schlußfolgerung aus diesen Schwierigkeiten lautet: „Gäbe es ein Volk von Göttern, so würde es sich demokratisch regieren. Eine so vollkommene Regierung paßt für Menschen nicht." Er empfiehlt je nach den Verhältnissen unterschiedliche Staatsformen: „Die Monarchie eignet sich folglich für reiche Völker, die Aristokratie für Staaten von mittlerer Wohlhabenheit und Größe, und die Demokratie für kleine und arme Staaten."[25]

Hegel als Philosoph des preußischen Staats konnte mit demokratischen Bestrebungen nicht einverstanden

sein und mied den Begriff weitgehend; Platon bescheinigte er, dieser habe die „Verdorbenheit der Demokratie und die Mangelhaftigkeit selbst ihres Prinzips"
erkannt.[26]

Dieser theoretische Diskurs mündete in eine politische Praxis, in der bereits das Bekenntnis zur republikanischen Verfassung vielen als extremistische Einstel-
lung galt. Erst im 19. Jahrhundert wurde allmählich
wieder die weitergehende Parole der Demokratie laut;
zuerst in Amerika, dann kurz vor 1848 auch in Europa. Gerade die „Demokraten" profilierten sich aber
zumindest im Süden der USA als die erbittertsten
Vorkämpfer der Sklaverei und standen damit auf ihre Art in der Tradition der Antike. Erst ein langer
und blutiger Krieg brachte sie um die Möglichkeit, ihre Version der „Demokratie" weiter zu praktizieren.

Demokratie für das „Proletariat"

Im Gegensatz zu Hegel sprach sich Marx entschieden
für die Demokratie aus: „Hegel geht vom Staat aus und
macht den Menschen zum versubjektivierten Staat;
die Demokratie geht vom Menschen aus und macht
den Staat zum verobjektivierten Menschen. Wie die
Religion nicht den Menschen, sondern wie der Mensch
die Religion schafft, so schafft nicht die Verfassung
das Volk, sondern das Volk die Verfassung. [...] Der
Mensch ist nicht des Gesetzes, sondern das Gesetz ist
des Menschen wegen da[...]"[27]

Als Marx sich so äußerte, konnte er sich kaum auf
praktische Erfahrungen mit demokratischen Institu-

tionen stützen. In Großbritannien war damals das Wahlrecht noch Privileg einer kleinen Minderheit, in den Vereinigten Staaten dominierte die „Demokratie" der Sklavenhalter, und selbst die Schweiz war bis zum Bürgerkrieg von 1847 ein ständisch verfaßter Staat.

Marx benutzte das Wort „Demokratie" oft, um die bürgerlichen Demokraten seiner Zeit zu bezeichnen, denen er eine halbherzige und unentschlossene Haltung vorwarf. Von seinem eigenen Standpunkt kann man dies nicht behaupten.

Marx ersetzte zum ersten Mal den Begriff des „Volkes" durch eine präzisere Analyse. Er thematisierte die Interessengegensätze innerhalb des Volkes und ergriff entschieden die Partei der am meisten Benachteiligten. Sein Hauptwerkzeug bei dieser Analyse war der Begriff der sozioökonomischen Klassen, den weder er noch Engels je allgemeingültig definierten,[28] wohl aber durch viele Beispiele mit Inhalt füllten.[29]

Als herrschende Klasse der fortgeschrittensten Länder betrachtete Marx das industrielle Bürgertum, die Bourgeoisie. Er beschrieb detailliert die neuartigen Produktionstechniken, die unter ihrer Führung entstanden, und den Kampf um den Weltmarkt, den sie schon damals mit großem Erfolg führte. Er sagte aber auch voraus, daß diese globale Herrschaft der Bourgeoisie schließlich an ihren eigenen Widersprüchen scheitern werde.[30]

Die Klasse, der er auf lange Sicht den Sieg über die Bourgeoisie zutraute, war das industrielle Arbeitertum, das Marx als „Proletariat" bezeichnete; dahinter steht die Annahme, daß diese Klasse immer mehr verarmt, da die Bourgeoisie unfähig ist, ihr die Bedingungen ihrer Existenz zu sichern, und daher schon um der reinen Selbsterhaltung willen zum Kampf gezwungen wird.[31] Marx versuchte später, diese Annahme durch äußerst detaillierte und methodisch innovative Untersuchungen zu belegen, kam dabei aber zu Ergebnissen, die mittelfristig eher eine gegenteilige Tendenz erwarten ließen.[32] Implizit werfen seine Forschungen aber auch schon die Frage nach den Grenzen des wirtschaftlichen Wachstums auf.[33]

Die übrigen Klassen hielt Marx für politisch zweitrangig und prophezeite ihnen den sozialen Abstieg. Nach seiner Prognose wächst das Proletariat ständig um die „bisherigen kleinen Mittelstände, die kleinen Industriellen, Kaufleute und Rentiers, die Handwerker und Bauern [...] teils dadurch, daß ihr kleines Kapital für den Betrieb der großen Industrie nicht ausreicht und der Konkurrenz mit den größeren Kapitalisten erliegt, teils dadurch, daß ihre Geschicklichkeit von neuen Produktionsweisen entwertet wird."[34] Die einzige Perspektive für diese Klassen sah Marx daher im Bündnis mit der Arbeiterklasse und im gemeinsamen Kampf für eine neue Gesellschaftsordnung.[35]

Das Ende der Herrschaft?

Marx sah die Demokratie als wichtigstes Element in diesem Kampf; er gab ihr eine eigene Interpretation und eine neue Perspektive:

„Wir sahen schon oben, daß der erste Schritt in der Arbeiterrevolution die Erhebung des Proletariats zur herrschenden Klasse, die Erkämpfung der Demokratie ist.

Das Proletariat wird seine politische Herrschaft dazu benutzen, der Bourgeoisie nach und nach alles Kapital zu entreißen, alle Produktionsinstrumente in den Händen des Staats, d.h. des als herrschende Klasse organisierten Proletariats, zu zentralisieren und die Masse der Produktionskräfte möglichst rasch zu vermehren.

Es kann dies natürlich zunächst nur geschehn vermittelst despotischer Eingriffe in das Eigentumsrecht und in die bürgerlichen Produktionsverhältnisse, durch Maßregeln also, die ökonomisch unzureichend und unhaltbar erscheinen, die aber im Lauf der Bewegung über sich selbst hinaustreiben und als Mittel zur Umwälzung der ganzen Produktionsweise unvermeidlich sind."[36]

Im Grundkonflikt der Demokratie stellt Marx also das Recht der Mehrheit entschieden über das Recht auf Eigentum, insofern es lediglich einer Minderheit Privilegien verleiht. Seine politisches Programm hatte er damit schon fast endgültig formuliert; allerdings werden wir noch sehen, daß die Forderung nach „despotischen" Eingriffen nicht zum sonstigen Sprachgebrauch von Marx paßt. Er hatte also Grund, weiter nach einer präziseren und knapperen Formulierung zu suchen.

Die Konsequenzen einer solchen Umwälzung sieht Marx so:

„Sind im Laufe der Entwicklung die Klassenunterschiede verschwunden und ist alle Produktion in den

Händen der assoziierten Individuen konzentriert, so verliert die öffentliche Gewalt den politischen Charakter. Die politische Gewalt im eigentlichen Sinne ist die organisierte Gewalt einer Klasse zur Unterdrückung einer andern. Wenn das Proletariat im Kampfe gegen die Bourgeoisie sich notwendig zur Klasse vereint, durch eine Revolution sich zur herrschenden Klasse macht und als herrschende Klasse gewaltsam die alten Produktionsverhältnisse aufhebt, so hebt es mit diesen Produktionsverhältnissen die Existenzbedingungen des Klassengegensatzes, die Klassen überhaupt, und damit seine eigene Herrschaft als Klasse auf.

An die Stelle der alten bürgerlichen Gesellschaft mit ihren Klassen und Klassengegensätzen tritt eine Assoziation, worin die freie Entwicklung eines jeden die Bedingung für die freie Entwicklung aller ist."[37]

Aufgrund der immens gewachsenen Produktivkräfte der Industriegesellschaft sah Marx damit auch eine neue Entwicklungsmöglichkeit, nämlich daß die Demokratie sich selbst überflüssig macht, da sie zum Ende der Herrschaft schlechthin führt. Engels beschrieb diese Perspektive später so: „Die Gesellschaft, die die Produktion auf Grundlage freier und gleicher Assoziation der Produzenten neu organisiert, versetzt die ganze Staatsmaschine dahin, wohin sie dann gehören wird: ins Museum der Altertümer, neben das Spinnrad und die bronzene Axt."[38]

Mit solchen Auffassungen haben sich Marx und Engels sicher nicht als Feinde individueller Freiheiten profiliert; im Gegenteil schätzten sie sie so sehr, daß sie ihren vollen Genuß nicht wie bisher einer kleinen besitzenden Minderheit vorbehalten wollten. Ob man eine derartige Perspektive für allerdings für realistisch hält, steht auf einem anderen Blatt. Die aktuelle Entwicklung geht jedenfalls in eine ganz andere Richtung: der Staatsapparat mischt sich zusehends in Bereiche ein, mit denen er sich bisher nicht befaßt hatte – wie etwa die Beleuchtung von Wohnzimmern oder die deutsche Rechtschreibung. Denkbar ist immerhin, daß eine derartige Regulierungswut eines Tages eine ganz gegensätzliche Reaktion hervorruft.

4. Despoten und Diktatoren

Theoriegebäude und ihre Bausteine

Die Begriffe, die ein Autor verwendet, kann man mit Bausteinen vergleichen, aus denen er seine Theorie aufbaut. Charakteristisch sind dabei vor allem Fachausdrücke der jeweiligen wissenschaftlichen Disziplin. Häufig vorkommende Wörter dieser Art kann man als die Leitbegriffe eines Autors auffassen, Wörter, die er meidet, als Begriffe, von denen er sich distanziert – wenn es sich nicht um Konzepte handelt, die erst von späteren Verfassern geprägt wurden. Unterschiede in der Terminologie schließlich lassen auch auf Unterschiede in den bezeichneten Sachverhalten schließen.

Eine solche Analyse der verwendeten Bausteine ist zwar eine Voraussetzung dafür, das gesamte Gebäude einer Theorie zu verstehen, reicht dazu aber keinesfalls aus. Hierzu gilt es zu untersuchen, welche Rolle ein bestimmter Begriff spielt und in welchem Kontext er verwendet wird.

Bei Marx und seinem Mitautor Engels kann man sich einen solchen Überblick ohne große Mühe verschaffen: eine umfangreiche Auswahl ihrer wichtigsten und bekanntesten Schriften steht auf einem Datenträger zur Verfügung, der auch gute Suchmöglichkeiten bietet.[39] Für die beiden Begriffe „Despotie" und

„Diktatur" findet sich eine Fülle von Belegen, die auf einen klaren Bedeutungsunterschied hindeuten.

Despotismus in Europa und Asien

Das Wort „Despot" in Einzahl und Mehrzahl, den Begriff „Despotie", das zugehörige Adjektiv „despotisch" und seine verschiedenen Beugungsformen findet man in unserer Auswahl jeweils rund zwanzigmal. Besonders häufig aber ist der Begriff „Despotismus" mit rund 60 Nennungen. Die Autoren sprechen vom preußischen[40], vom österreichischen[41] und vom Despotismus verschiedener spanischer Regierungen[42], aber auch vom „napoleonischen Despotismus".[43] Mit Bezug auf die Verhältnisse in den Fabriken spricht Marx vom Despotismus des Kapitals[44]. Eine besonders rückschrittliche Form des Despotismus sieht Engels unter anderem in Rußland am Werk: „Eine solche vollständige Isolierung der einzelnen Gemeinden voneinander, die im ganzen Lande zwar gleiche, aber das grade Gegenteil von gemeinsamen Interessen schafft, ist die naturwüchsige Grundlage für den orientalischen Despotismus; und von Indien bis Rußland hat diese Gesellschaftsform, wo sie vorherrschte, ihn stets produziert, stets in ihm ihre Ergänzung gefunden. Nicht bloß der russische Staat im allgemeinen, sondern sogar seine spezifische Form, der Zarendespotismus, statt in der Luft zu hängen, ist notwendiges und logisches Produkt der russischen Gesellschaftszustände."[45]

Von rund 120 Fundstellen ist die bereits zitierte Erwähnung „despotischer Eingriffe" im „Kommunisti-

schen Manifest" die einzige Stelle, an der die beiden
Autoren den Begriff auf Aktionen der Arbeiterbewegung anwenden. Die negative Bedeutung, die das Wort
generell für sie hatte, mußte sie veranlassen, nach einer
besseren Formulierung zu suchen. Und für eine derartige Präzisierung bot sich das Wort „Diktatur" an.

Ein befristetes Amt

Welche Bedeutung ein Wort für einen Autor hatte,
kann man nur im Kontext seiner Zeit verstehen; und
das Wort „Diktatur" bedeutete um 1850 zunächst
einmal ausschließlich die Herrschaft eines Diktators
in der antiken römischen Republik.[46] Ein auch heute
noch einflußreicher politischer Theoretiker wie Rousseau etwa benutzte in seinem politischen Hauptwerk
„Der Gesellschaftsvertrag" den Begriff der Diktatur
ausschließlich für die historische Institution im alten Rom, die er als Reaktion auf besondere Notlagen
ansah: „Ist dagegen die Gefahr derart, daß die Ge-
setzmaschine ein Hindernis sein würde, sich vor ihr zu
schützen, dann ernennt man ein höchstes Oberhaupt,
das allen Gesetzen Schweigen gebietet und für einen
Augenblick die oberherrliche Gewalt aufhebt. In sol-
chem Falle ist der allgemeine Wille nicht zweifelhaft,
und die Hauptabsicht des Volkes geht offenbar darauf
aus, daß der Staat nicht zugrunde geht. Die vorübergehende Aufhebung der gesetzgebenden Gewalt ist
also keineswegs mit ihrer Abschaffung gleichbedeu-
tend; die Obrigkeit, die ihr Schweigen gebietet, kann
ihr nicht Sprache verleihen; sie beherrscht sie, ohne

sie vertreten zu können; sie vermag alles, nur keine Gesetze zu geben."[47]

Das wichtigste Merkmal der Diktatur ist für Rousseau ihr vorübergehender Charakter: „Auf welche Weise dieses Amt übrigens verliehen werden möge, so kommt stets viel darauf an, seine Dauer auf einen sehr kurzen Zeitraum zu beschränken, der nie verlängert werden darf. Die entscheidenden Wendepunkte, die seine Einführung erforderlich machen, enden binnen kurzem mit dem Untergange oder der Rettung des Staates, und über das dringende Bedürfnis hinaus wird die Diktatur tyrannisch oder unnütz. Obgleich die Diktatoren in Rom nur auf sechs Monate ernannt wurden, legten die meisten ihr Amt schon vorher nieder. Wäre der Zeitraum länger gewesen, so wären sie vielleicht in Versuchung geraten, ihn noch weiter auszudehnen [...] Der Diktator hatte nur Zeit, die ihm gestellte Aufgabe zu erfüllen; es fehlte ihm aber die Zeit, an andere Entwürfe zu denken."[48]

In der bereits erwähnten digitalisierten Ausgabe der Werke von Marx und Engels kommt das Wort „Diktatur" gut 50mal vor, also deutlich seltener als „Despotismus" und seine Abwandlungen. Von einem „Diktator" ist insgesamt nur dreimal die Rede, die verschiedenen Formen des Eigenschaftsworts „diktatorisch" kommen etwa zehnmal vor.

Engels greift den üblichen Vergleich der Demokratie mit Monarchie und Aristokratie auf: „Die Demokratie ist fürchterlicher als beide; Marius und Sulla, Cromwell und Robespierre, die blutigen Häupter zweier Könige, die Proskriptionslisten und die Diktatur reden laut genug von den ‚Greueln' der Demokratie."[49] Auch er sieht in der Diktatur also eine durchaus demokratische Einrichtung.

Übertragen auf die Geisteswelt kritisiert Engels „die geistige Diktatur der Kirche"[50] und „die geistige Diktatur des Papstes".[51] In seinem Bericht über die Kämpfe um die deutsche Reichsverfassung spricht er von der „Diktatur Brentanos",[52] der in diesem Kampf die provisorische Regierung Badens leitete, später von der „Diktatur Bismarcks in parlamentarischen Formen".[53]

Marx verwendete den Begriff der „Diktatur" am häufigsten in seiner Analyse der Ereignisse in Frankreich nach der Februarrevolution von 1848. Abgesehen von der nicht sehr häufigen Verwendung im übertragenen Sinn benutzen beide Autoren den Begriff ausschließlich als Bezeichnung für eine kompromißlose Herrschaft, die sich aber noch im Rahmen der Gesetze hält. Der Gegensatz zur Despotie wird nirgends ausdrücklich festgestellt, ist stets aber implizit mitgedacht.

Diktatur und Gegenwehr

Im Februar 1848 kam es aus Anlaß einer Wirtschaftskrise zu Unruhen in Paris, die schließlich zum Sturz des amtierenden Königs Louis Philippe führten. Die neugebildete provisorische Regierung war von Anfang an gespalten zwischen bürgerlichen Kräften, denen auch einer der häufigen Regierungswechsel genügt hätte, und den ärmeren Teilen der Bevölkerung, die durch Barrikadenkämpfe die Ausrufung der Republik erzwungen hatten und die Revolution weitertreiben wollten, um dadurch ihre wirtschaftliche Notlage zu lindern. Ausgetragen wurde dieser Interessengegensatz schließlich mit militärischen Mitteln unter Führung des Generals Cavaignac, den Marx wie folgt charakterisiert: „Cavaignac, das war nicht die Diktatur des Säbels über die bürgerliche Gesellschaft, das war die Diktatur der Bourgeoisie durch den Säbel."[54]

Die verschiedenen Wandlungen dieser Diktatur, die über die „legislative Diktatur der vereinigten Royalisten"[55] schließlich zur „Diktatur Bonapartes"[56] führten, beschrieb Marx sehr ausführlich und anschaulich in einer Folge von Zeitschriftenbeiträgen. Seine Aufmerksamkeit galt dabei vor allem den Folgerungen, die die revolutionären Massen aus der neuen Lage ziehen mußten: „Von der Bourgeoisie wurde das Pariser Proletariat zur Juniinsurrektion gezwungen. Schon darin lag sein Verdammungsurteil. Weder sein unmittelbares eingestandenes Bedürfnis trieb es dahin, den Sturz der Bourgeoisie gewaltsam erkämpfen zu wollen, noch war es dieser Aufgabe gewachsen. Der ‚Moniteur‘ mußte ihm offiziell eröffnen, daß die Zeit vorüber, wo die Republik vor seinen Illusionen die Honneurs zu machen sich veranlaßt sah, und erst seine Niederlage überzeugte es von der Wahrheit, daß die geringste Verbesserung seiner Lage eine Utopie bleibt innerhalb der bürgerlichen Republik, eine Utopie, die zum Verbrechen wird, sobald sie sich verwirklichen will. An die Stelle seiner, der Form nach überschwenglichen, dem Inhalte nach kleinlichen und selbst noch bürgerlichen

Forderungen, deren Konzession es der Februarrepublik abdringen wollte, trat die kühne revolutionäre Kampfparole: Sturz der Bourgeoisie! Diktatur der Arbeiterklasse!" [57]

Für Marx ist also die Formel von der „Diktatur der Arbeiterklasse" nicht sein geistiges Eigentum, sondern eine Parole, die aus einer bestimmten gesellschaftlichen Auseinandersetzung hervorgegangen ist. Die von ihm häufiger benutzte Formulierung „Diktatur des Proletariats" dagegen verweist zusätzlich auf seine Annahmen darüber, wie sich die Lage der Arbeiter im weiteren Verlauf entwickeln würde.

Marx spitzt hier die Interessengegensätze in einer ganz bestimmten historischen Situation auf die Alternative zwischen zwei verschiedenen Arten der Diktatur zu und erklärt einen Kompromiß für unmöglich; die spätere Entwicklung, die oben schon skizziert wurde, gab ihm darin recht. Als unrealistisch hingegen erwies sich für den Augenblick die Parole der „Diktatur des Proletariats". Schon 1852 zog Marx daraus die Konsequenz: in einer neuen Schrift mit dem Titel „Der achtzehnte Brumaire des Louis Bonaparte", in der er die gleiche Zeitspanne vom Blickpunkt der anschließenden Entwicklung erneut beschrieb, kam die Formulierung nicht mehr vor.

Illusionen und neue Perspektiven

Auch Engels erkannte später, daß revolutionäre Hoffnungen in dieser Situation verfrüht gewesen waren: „Die Vulgärdemokratie erwartete den erneuten Losbruch von heute auf morgen; wir erklärten schon Herbst 1850, daß wenigstens der erste Abschnitt der revolutionären Periode abgeschlossen und nichts zu erwarten sei bis zum Ausbruch einer neuen ökonomischen Weltkrise. Weswegen wir auch in Acht und Bann getan wurden als Verräter an der Revolution, von denselben Leuten, die nachher fast ohne Ausnahme ihren Frieden mit Bismarck gemacht haben – soweit Bismarck sie der Mühe wert fand.

Die Geschichte hat aber auch uns unrecht gegeben, hat unsere damalige Ansicht als eine Illusion enthüllt."[58]

Neue revolutionäre Perspektiven zeigten sich erst, als die Diktatur von 1851, die sich längst die Fassade eines Kaiserreichs gegeben hatte, bei einem ihrer militärischen Abenteuer zusammenbrach. Im belagerten Paris entstand daraufhin nach Interpretation von Marx eine „Republik, die nicht nur die monarchische Form der Klassenherrschaft beseitigen sollte, sondern die Klassenherrschaft selbst. Die Kommune war die bestimmte Form dieser Republik."[59]

Der Begriff „Commune" hat nichts mit dem Kommunismus zu tun, sondern bedeutet lediglich eine Stadtverwaltung, „kommunale" Einrichtungen also, die Paris seit der ersten französischen Revolution vorenthalten worden waren. Ihre Grundsätze schildert Marx so: „Die Kommune bildete sich aus den durch allgemeines Stimmrecht in den verschiedenen Bezirken von Paris gewählten Stadträten. Sie waren verantwortlich und jederzeit absetzbar. Ihre Mehrzahl bestand selbstredend aus Arbeitern oder anerkannten

Vertretern der Arbeiterklasse. Die Kommune sollte nicht eine parlamentarische, sondern eine arbeitende Körperschaft sein, vollziehend und gesetzgebend zu gleicher Zeit. Die Polizei, bisher das Werkzeug der Staatsregierung, wurde sofort aller ihrer politischen Eigenschaften entkleidet und in das verantwortliche und jederzeit absetzbare Werkzeug der Kommune verwandelt. Ebenso die Beamten aller andern Verwaltungszweige. Von den Mitgliedern der Kommune an abwärts, mußte der öffentliche Dienst für Arbeiterlohn besorgt werden.“[60] Mit einer „Diktatur“ hat diese Beschreibung sehr wenig Ähnlichkeit; Marx benutzt den Begriff denn auch in seiner ganzen umfangreichen Schrift über diese Ereignisse kein einziges Mal.

Ob die Politik der Commune tatsächlich zur Aufhebung der Klassenherrschaft geführt hätte, läßt sich nicht mehr feststellen, da ihre Gegner sie in einem regelrechten Bürgerkrieg niederschlugen.[61] Bemerkenswert an der Analyse von Marx ist seine Bereitschaft, abstrakte Formeln zugunsten detaillierter konkreter Beschreibungen fallenzulassen.

Ein letztes Zitat

Scheinbar im Gegensatz dazu steht das bekannte und bereits erwähnte Zitat aus dem Jahr 1875 über die „Übergangsperiode, deren Staat nichts andres sein kann als die revolutionäre Diktatur des Proletariats.“[62] Marx schrieb dies in einem vertraulichen Brief an einige Führer der neugegründeten Sozialdemokratischen Partei Deutschlands, in dem er diesen seine Kritik am Programmentwurf der Partei mitteilte. Dieses Schreiben war ursprünglich nicht zur Veröffentlichung bestimmt und wurde erst nach dem Tode von Marx publiziert.

Marx erwähnt hier die „Diktatur des Proletariats" aber nur, um festzustellen, daß in diesem Zusammenhang von ihr gar nicht die Rede sein kann: „Das Programm nun hat es weder mit letzterer zu tun, noch mit dem zukünftigen Staatswesen der kommunistischen Gesellschaft."[63] Um das Thema von der Tagesordnung auszuschließen, ist die vertraute Formel am besten geeignet; die Adressaten wissen jedenfalls, was gemeint ist.

Marx stellt weiter fest, daß Dinge wie „allgemeines Wahlrecht, direkte Gesetzgebung, Volksrecht, Volkswehr," die der Programmentwurf forderte, „auf der Anerkennung der sog. Volkssouveränität beruhn, daß sie daher nur in einer demokratischen Republik am Platze sind." Es sei daher weder ehrlich noch würdig, solche Forderungen an einen Staat wie das damalige preußisch-deutsche Reich zu stellen, „der nichts andres als ein mit parlamentarischen Formen verbrämter, mit feudalem Beisatz vermischter und zugleich schon von der Bourgeoisie beeinflußter, bürokratisch gezimmerter, polizeilich gehüteter Militärdespotismus ist."[64] Nicht um eine hypothetische zukünftige Diktatur geht es in diesem Schreiben also, sondern um die nächsten Ziele im Kampf gegen einen realen, gegenwärtigen Despotismus.

5. Die Dialektik der Diktatur

Eine mehrdeutige Formulierung

Hegels Dialektik versucht mit sprachlichen Mitteln die Entwicklung von Gedanken und Begriffen darzustellen. Marx war ein Meister dieser Kunst und handhabte sie souverän – unter anderem auch zur Kritik an seinem Lehrmeister Hegel. Man kann daher davon ausgehen, daß ihm die vielfältigen Implikationen seiner Formulierungen durchaus bewußt waren.

Eine Formulierung wie „Diktatur der Bourgeoisie" ist mehrdeutig: die Diktatur kann einer bestimmten Klasse der Bevölkerung zugehören oder von ihr ausgeübt werden – mit dem Unterton, daß auch diese Klasse selbst einer rigiden Herrschaft unterworfen sein mag. Geht man von der zweiten Bedeutung aus, enthält die Formel einen Vergleich: die Herrschaft einer Gruppe wird mit der einer Einzelperson verglichen. Die Dinge, die da miteinander verglichen werden, werden um so verschiedener, je größer die fragliche Gruppe wird. Der Begriff der Diktatur impliziert aber, daß es sich um eine Minderheit handelt. Von der Diktatur einer Mehrheit zu reden ergibt wenig Sinn, da nichts anderes das Wesen der Demokratie ist. Eine solche Ausdrucksweise kann daher nur polemisch von deren Gegnern gebraucht werden.

Mit solchen Formulierungen blieb Marx noch im Bereich der Interpretation realer historischer Vorgänge und Zustände; indem er von der „Diktatur des Proletariats" sprach, wagte er sich aufs unsichere Gebiet der Prognose künftiger. Wenn wir die verschiedenen Aspekte der Diktatur untersuchen, gilt es daher zu unterscheiden, welche ihrer Eigenschaften durch historische Beispiele zu belegen sind, und welche sich nur durch Analogien erschließen lassen.

Diktatur als vorübergehender Zustand

Wir haben gesehen, daß die Diktatur ihrer ursprünglichen Natur nach eine vorübergehende Erscheinung ist, eine außergewöhnliche Konzentration der Kräfte für einen besonderen Zweck. Sie muß daher überflüssig werden, sobald dieser Zweck erreicht ist. Die innere Dialektik der Diktatur besteht also darin, daß sie um so schneller endet, je energischer und erfolgreicher sie ihren Zweck verfolgt. Zum Wesen der Diktatur gehört es, daß sie für eine bestimmte Aufgabe errichtet und nach deren Beendigung niedergelegt wird.

Im antiken Rom benutzte Sulla den Titel des Diktators als erster, um eine mit militärischen Mitteln errichtete Gewaltherrschaft zu legitimieren. Er ließ sich zwar die bis dahin unerhörte Vollmacht zur Neuordnung des Staates verleihen und dehnte seine Herrschaft weit über die gewohnte Frist aus, legte aber schließlich sein Amt nieder und beendete sein Leben friedlich als privater Bürger. Caesar dagegen ließ seine außergewöhnlichen Vollmachten wiederholt verlängern und schließlich auf Lebenszeit bewilligen; sie fielen zugleich mit ihm unter den Dolchen der Verschwörer. Seine Nachfolger teilten sich die gleichen Vollmachten zu dritt und konnten daher dafür auch eine neue, unbelastete Bezeichnung wählen. Indem sich Cäsars Erbe Octavian gegen seine Kollegen und Konkurrenten durchsetzte, gewann er schließlich die gleiche Machtstellung wie sein Adoptivvater; als er diese der Form nach niederlegte, wurde ihm zum Ausgleich eine Fülle einzelner Vollmachten und Ehrungen verliehen, die seine Macht und die seiner Nachfolger für hunderte von Jahren einzigartig machte. Seine dauerhafte Despotie konnte Octavian also erst begründen, indem er die Diktatur niederlegte und damit wenigstens dem Anschein nach wieder normale Verhältnisse herstellte. Noch diejenigen, die im ersten Jahrhundert vor unserer Zeitrechnung die Diktatur mißbrauchten, um eine dauerhafte tyrannische Herrschaft einzurichten, waren also gut beraten, sich dabei wenigstens der Form nach im Rahmen der Gesetze zu halten; daß diese dabei mit der Zeit ihren Geist aufgaben, steht auf einem anderen Blatt.

Das Konzept der „Diktatur des Proletariats" war ebenfalls als vorübergehende Herrschaft gedacht; die herrschende Klasse sollte alle übrigen Klassen in sich aufnehmen und damit schließlich jede Form von Herrschaft überflüssig machen. Wenn ihre Widersacher sich allerdings gegen diesen Statuswechsel sträubten und versuchten, ihre alte Position wiederzuerlangen, mußte einem solchen Provisorium eine beträchtliche Dauer beschieden sein.

Beziehung zwischen Diktator und Helfern

Im Begriff der Diktatur implizit enthalten ist die Beziehung zwischen dem Inhaber des Amtes und seinen Helfern; ein Diktator ohne Untergebene wäre eine Absurdität. In einigermaßen komplexen Gesellschaften mußte ferner unter diesen Helfern eine gewisse Rangordnung bestehen; die Römer trugen dem Rechnung durch die Bestimmung, daß jeder Diktator einen Stellvertreter zu ernennen hatte.

Auch Helfer niedrigerer Ränge fanden Diktatoren meist mehr als genug. Mit den Zeiten änderten sich dabei auch die Verhältnisse; Ähnlichkeiten in den bürokratischen und militärischen Strukturen gibt es aber durchaus, da diese auch ähnliche Aufgaben zu erfüllen hatten.

Den römischen Staatsmännern genügte in bürgerkriegsähnlichen Situationen ihr eigener Anhang und der ihrer politischen Freunde. Die Heere bestanden aus Wehrpflichtigen und ließen sich nicht für innere Machtkämpfe verwenden; als sie durch Söldnerheere ersetzt wurden, war der Untergang der republikanischen Verfassung im Grunde nur noch eine Frage der Zeit.

Louis Napoleon Bonaparte dagegen brauchte, um seine Herrschaft aufzurichten, eine stattliche Anzahl von Helfern; Marx nennt „ein Beamtenheer von einer halben Million neben einer Armee von einer andern halben Million."[65]

Ein derart umfangreicher Staatsapparat entwickelte denn auch ein beträchtliches Eigenleben: „Erst unter dem zweiten Bonaparte scheint sich der Staat völlig verselbständigt zu haben. Die Staatsmaschine hat sich der bürgerlichen Gesellschaft gegenüber so befestigt, daß an ihrer Spitze der Chef der Gesellschaft vom 10. Dezember genügt, ein aus der Fremde herbeigelaufener Glücksritter, auf den Schild gehoben von einer trunkenen Soldateska, die er durch Schnaps und Würste erkauft hat, nach der er stets von neuem mit der Wurst werfen muß.“[66]

Für solche mächtigen Staatsgebilde, die sich dem Anschein nach über die Klassen erheben, benutzte Engels das Wort „Bonapartismus“: „Ausnahmsweise indes kommen Perioden vor, wo die kämpfenden Klassen einander so nahe das Gleichgewicht halten, daß die Staatsgewalt als scheinbare Vermittlerin momentan eine gewisse Selbständigkeit gegenüber beiden erhält. So die absolute Monarchie des 17. und 18. Jahrhunderts, die Adel und Bürgertum gegeneinander balanciert; so der Bonapartismus des ersten und namentlich des zweiten französischen Kaiserreichs, der das Proletariat gegen die Bourgeoisie und die Bourgeoisie gegen das Proletariat ausspielte.“[67]

Bei allen Machtmitteln muß ein solcher Diktator aber mindestens seinen Gefolgsleuten gegenüber legitim erscheinen. Er kann ja nicht alle zwingen, seinen Anweisungen zu gehorchen; mindestens diejenigen, die diesen Zwang ausüben, muß er anders motivieren. Mit dieser Frage der Legitimation unterschiedlicher Formen der Herrschaft hat sich später Max Weber eingehend auseinandergesetzt.[68] Marx ging mit diesem Aspekt pragmatisch um: er versuchte, die Legitimität der Diktatoren, die er bekämpfte, mit vielfältigen polemischen Mitteln zu erschüttern.

Der Diktator und seine Auftraggeber

Als nähere Bestimmung eines Wortes, das eine Alleinherrschaft bezeichnet, wird man denjenigen erwarten, der diese ausübt; Formulierungen wie die bereits erwähnte „Diktatur Cavaignacs" sind bei Marx denn auch relativ oft zu finden.

Eine Formulierung wie „Diktatur der Bourgeoisie" hingegen spricht von der Alleinherrschaft einer Gruppe von Personen; sie enthält damit einen Gegensatz, nämlich den zwischen dem Diktator und denjenigen, deren Interessen er vertritt. Anders als kriegerische Klassen früherer Jahrhunderte kann das Bürgertum seine Herrschaft kaum direkt ausüben. Im Falle einer Diktatur muß es also dem Diktator seine Interessen anvertrauen; es muß aber auch hinnehmen, daß dieser mitsamt seinen Helfern eigene Interessen und oft auch ein ausgeprägtes Eigenleben entfaltet.

Marx nannte Bismarck den „Diktator der deutschliberalen Bourgeoisie"[69]. Er bezeichnete ihn damit als deren Interessenvertreter, aber zugleich auch als Diktator über sie. Engels formuliert diesen Gedanken sehr treffend, wenn er über die Aufteilung von Schleswig-Holstein durch Preußen und Österreich im Jahr 1864 schreibt, Bismarck habe „der deutschen Bourgeoisie ihren Willen gegen ihren Willen getan."[70]

Eine so umfangreiche Klasse wie die Arbeiterschaft wird sich mit der Kontrolle über ihre Interessenvertreter noch weitaus schwerer tun, da sie hierzu zwangsläufig in vielen Fällen auf Delegierte angewiesen ist. Die Diktatur des Proletariats enthält also zumindest die Gefahr, zur Diktatur über das Proletariat auszuarten. Wir werden noch sehen, daß Marx Pläne, derartige Machtstrukturen einzuführen, mit Sorge betrachtete und entschieden bekämpfte.

Auf der anderen Seite macht es gerade die hohe Mitgliederzahl der Arbeiterklasse und der hohe Grad an Organisation, der sich schon aus ihrem Arbeitsalltag ergibt, möglich, auf eine besondere Kategorie von Helfern zu verzichten oder ihre Bedeutung wenigstens stark einzuschränken. Marx sah dies als politische Notwendigkeit: „die Arbeiterklasse kann nicht die fertige Staatsmaschinerie einfach in Besitz nehmen und diese für ihre eignen Zwecke in Bewegung setzen."[71] Marx sah den Weg zur Aufhebung jeglicher Klassenherrschaft in der entschieden demokratischen Organisationsform der Kommune; dies erklärt auch, daß er den Begriff „Diktatur des Proletariats" von da an nur noch in Ausnahmefällen verwendete.

Eine paradoxe Suchbeschreibung

Diktatur ist ursprünglich die Herrschaft einer einzelnen Person. Die Anwendung auf eine Gruppe von Personen weitet den Begriff aus, die Übertragung auf eine ganze Klasse der Gesellschaft dehnt ihn bis zur Grenze seiner Fassungskraft. Durch diese scheinbare paradoxe Vereinigung von Gegensätzen erinnert die Formulierung an das mathematische Problem der „Quadratur des Zirkels". Auch diese Aufgabe ist ja nicht generell unlösbar, sondern war es nur auf einem bestimmten Stand der Entwicklung, der allerdings sehr lange nicht überschritten werden konnte. Die Formulierung beschreibt also etwas, das noch gar nicht existiert und von dem auch noch nicht bewiesen ist, daß es überhaupt möglich ist. Eine solche Formulierung muß notwendigerweise unscharf sein und daher für Präzisierungen offen bleiben. Die formulierte Aufgabe kann man darin sehen, das komplexe demokratische Instrumentarium zu entwickeln, mit dem die Mehrheit der Bevölkerung die Umsetzung einer Politik in ihrem Interesse kontrollieren und steuern kann, die nur mit konzentrierten Kräften zu verwirklichen ist.

Die Denkpsychologie hat den Prozeß der Problemlösung anhand relativ einfacher Aufgaben erforscht; derartige Suchbeschreibungen spielen dabei eine wichtige Rolle. Der Psychologe Duncker prägte für sie den Begriff „Signalement"; heute würde man von einem „Steckbrief" sprechen. Auch ein solcher Steckbrief kann ja in einzelnen Punkten sehr vage sein; wenn er dazu beiträgt, den Gesuchten zu finden, hat er seinen Zweck erfüllt. Nützlich kann er aber auch schon sein, wenn durch ihn deutlich wird, daß jemand nicht der Gesuchte ist.

Duncker nennt einige Merkmale, durch die ein solches Signalement für seinen Zweck brauchbar wird: es muß vollständig, aber doch knapp sein, darf keine falschen Informationen enthalten und muß Merkmale beschreiben, die für die Suche wesentlich sind.[72] Gerade durch ihren paradoxen Charakter erfüllt die Formulierung von Marx diese Anforderungen gut. Man wird sich vielleicht schwer vorstellen können, wie wohl eine „Diktatur des Proletariats" aussehen soll, aber man kann ziemlich leicht Regierungsformen erkennen, die dieser Beschreibung nicht entsprechen.

In der eigenen Begrifflichkeit von Marx und Engels kann man die Formel aber auch als dialektischen Widerspruch auffassen, der im Laufe der weiteren Entwicklung im doppelten Sinn aufgehoben werden muß: „das heißt ‚sowohl überwunden als aufbewahrt'; überwunden, ihrer Form, aufbewahrt, ihrem wirklichen Inhalt nach."[73]

Der sparsame und vorsichtige Gebrauch spricht dafür, daß Marx seine Formel nicht für der Weisheit letzten Schluß hielt, die ja auch nur den Versuch einer möglichst knappen, schlagwortartigen Zusammenfassung darstellt. Wer Marx kritisieren will, sollte sich an Texte halten, in denen er sich ausführlicher und präziser geäußert hat, wie etwa das Kommunistische Manifest. Bei allen Vorbehalten aber muß man zugeben, daß Marx hier eine griffige Formulierung gefunden hat, die die Aufgabe, die aus seiner politischen Konzeption resultiert, ebenso umreißt wie die Entwicklungsmöglichkeiten, die aus dem Versuch resultieren können, diese Aufgabe zu lösen.

Ein Konzept für eine bestimmte Situation

Die Diktatur des Proletariats steht für das Projekt einer Minderheitsregierung. Sie wird dadurch legitimiert, daß sie sich gegen die Herrschaft einer noch kleineren Minderheit richtet, sowie durch die Annahme, die Arbeiterklasse könne die Interessen der dazwischenliegenden Klassen – der Mehrheit – besser vertreten als das Großbürgertum. An einer einzigen Stelle bezeichnet Marx diese Herrschaftsform auch als „Klassendiktatur"[74]. Diktatorisch muß nach dieser Definition nur das Verhältnis zu anderen Klassen sein; dies schließt eine demokratische interne Organisationsform nicht aus, dürfte sie aber nicht gerade erleichtern.

Marx vergleicht hier die Herrschaft einer ganzen Klasse mit der einer einzelnen Person. Gemeinsam ist beiden Fällen, daß es jeweils um die Herrschaft einer Minderheit geht. In dem Maße, wie diese Klasse sich in Übereinstimmung mit den Prognosen von Marx allmählich zur Mehrheit entwickelte, mußte auch die Bezeichnung „Diktatur" für ihre Herrschaft sinnlos werden.

Die Formel steht also für einen Versuch, den Mittelklassen „ihren Willen gegen ihren Willen zu tun". Engels formulierte das 1890 im Rückblick recht deutlich: „...hier handelte es sich nicht um Vorspiegelungen, sondern um die Durchführung der eigentlichsten Interessen der großen Mehrheit selbst, Interessen, die zwar damals dieser großen Mehrheit keineswegs klar waren, die ihr aber bald genug klar werden mußten, im Laufe der praktischen Durchführung, durch den überzeugenden Augenschein. Und wenn nun gar, wie im dritten Artikel von Marx nachgewiesen, im Frühjahr 1850 die Entwicklung der aus der ‚sozialen' Revolution von 1848 erstandenen bürgerlichen Republik die wirkliche Herrschaft in den Händen der – obendrein monarchistisch gesinnten – großen Bourgeoisie konzentriert, dagegen alle anderen Gesellschaftsklassen, Bauern wie Kleinbürger, um das Proletariat gruppiert hatte, derart, daß bei und nach dem gemeinsamen Sieg nicht sie, sondern das durch Erfahrung gewitzigte Proletariat der entscheidende Faktor werden mußte – war da nicht alle Aussicht vorhanden für den Umschlag der Revolution der Minorität in die Revolution der Majorität?

Die Geschichte hat uns und allen, die ähnlich dachten, unrecht gegeben. Sie hat klargemacht, daß der Stand der ökonomischen Entwicklung auf dem Kontinent damals noch bei weitem nicht reif war für die Beseitigung der kapitalistischen Produktion: sie hat dies bewiesen durch die ökonomische Revolution, die seit 1848 den ganzen Kontinent ergriffen und die große Industrie in Frankreich, Österreich, Ungarn, Polen und neuerdings Rußland erst wirklich eingebürgert, aus Deutschland aber geradezu ein Industrieland ersten Ranges gemacht hat – alles auf kapitalistischer, im Jahre 1848 also noch sehr ausdehnungsfähiger Grundlage."[75]

Trotz dieser Einsichten hielt Engels an der gewohnten Formel fest; an anderer Stelle erklärte er: „Seht euch die Pariser Kommune an. Das war die Diktatur des Proletariats."[76]

Den Fortschritt von der abstrakten Formel zur konkreten Beschreibung, den Marx sich erarbeitet hatte, machte Engels so durch eine ganz undialektische Verneinung wieder zunichte. Dabei war ihm die Vergänglichkeit theoretischer Positionen durchaus bewußt:

„Und ein so gewaltiges Werk wie die Hegelsche Philosophie, die einen so ungeheuren Einfluß auf die geistige Entwicklung der Nation gehabt, ließ sich nicht dadurch beseitigen, daß man sie kurzerhand ignorierte. Sie mußte in ihrem eigenen Sinn ‚aufgehoben‘ werden, d.h. in dem Sinn, daß ihre Form kritisch vernichtet, der durch sie gewonnene neue Inhalt aber gerettet wurde.“[77]

Ähnliches mußte auch für seine eigenen Werke und die von Marx gelten, die ja zu einer Zeit entstanden, in der das kapitalistische Wirtschaftssystem den Höhepunkt seiner Entwicklung noch längst nicht erreicht hatte. Es ist allerdings verständlich, wenn Engels sich nicht intensiv mit der dialektischen Aufhebung seiner Thesen beschäftigte: er war bis zum Ende seiner Tage damit beschäftigt, sie und vor allem diejenigen, die Marx ihm in zahllosen unvollendeten Manuskripten hinterlassen hatte, erst einmal eindeutig zu formulieren.[78]

Wohin entwickelt sich die Diktatur?

Die möglichen Entwicklungstendenzen, die sich aus dem Versuch ihrer Verwirklichung ergeben, enthält die Formel von der Diktatur des Proletariats in echt dialektischer Form, nämlich als Widerspruch. Dieser Widerspruch zwischen der Herrschaft eines Einzelnen und derjenigen der überwiegenden Mehrheit ist offenbar der Grundwiderspruch der damit bezeichneten Herrschaftsform. Nach der Theorie von Marx soll die Diktatur des Proletariats diesem dazu dienen, seine eigene

Existenz als Klasse aufzuheben – und damit schließlich gegenstandslos werden. Wie seine Schriften zeigen, sah Marx aber auch die Gefahr einer Diktatur über das Proletariat. Während die erste Perspektive auch heute noch utopisch wirkt, wurde die zweite Möglichkeit in mehreren großen historischen Experimenten verwirklicht; es ist hoffentlich deutlich geworden, daß man sich dabei nicht unbedingt zurecht auf Marx berief.

Marx selbst bekämpfte politische Gegner, denen er übermäßige Ambitionen vorwarf, allen voran den russischen Anarchisten Bakunin und die von ihm gegründete Organisation; ihm unterstellte er die Absicht „die Internationale [...] der ,Autorität und Diktatur' der Allianz und ihres permanenten Diktators, des ,Bürgers B.', zu unterwerfen".[79] Tatsächlich hatte Bakunin Pläne für eine streng hierarchisch gegliederte Geheimorganisation ausgearbeitet, deren Führungsgremien sich durch Zuwahl ergänzen sollten, also nicht demokratisch legitimiert waren. Diese Gesellschaft verlangte von ihren Mitgliedern unbedingten Gehorsam; für den Nichterfüllungsfall sollten sie sich schweren Strafen unterwerfen.[80]

Umgekehrt warf auch Bakunin Marx diktatorische Ambitionen vor. Dessen politische Wirkungsgeschichte zeigt allerdings, daß er als Diktator höchstens im klassischen Sinne fungiert hat, nämlich für streng begrenzte Zeiträume und Aufgabenbereiche.[81]

Die Grundfrage der Diktatur des Proletariats ist also, ob schließlich das Proletariat mit der Diktatur fertig wird – oder aber die Diktatur mit dem Proletariat. So verstanden, ist die Formel von Marx ein ausgezeichneter Prüfstein für spätere politische Projekte, die sich als Versuche zu ihrer Verwirklichung ausgaben.

6. Eine Revolution wird geplant

Marxismus mit bürgerlichen Zielen

Am Ende des 19. Jahrhunderts fiel es Rußland nach außen hin immer schwerer, mit stärker industrialisierten Ländern mitzuhalten. Im Innern führte schon der bisher erreichte Grad an Industrialisierung zu wachsender Unruhe. Unter diesen Umständen mußten auch die Ideen von Marx auf wachsendes Interesse stoßen.

Die russischen Marxisten hatten viel damit zu tun, die Konzepte ihrer westlichen Vorgänger den Verhältnissen ihres Landes mit seiner schwachen Arbeiterklasse anzupassen. Sie gingen davon aus, daß unter einer despotischen Regierung erst einmal die Aufgaben einer bürgerlichen Revolution auf der Tagesordnung standen. Die Diskussionen waren lang und verwirrend; die Kräfte, die sich schließlich auch in der Praxis durchsetzten, wurden jedoch in bemerkenswertem Maß von den beiden Männern repräsentiert, die im Mittelpunkt der folgenden Darstellung stehen.

Lenins Organisation der Berufsrevolutionäre

Marx und Engels hatten die Auffassung vertreten, daß „das Bewußtsein über die Notwendigkeit einer gründlichen Revolution" von der Arbeiterklasse ausgeht und durch deren schlechte Lage verursacht wird.[82] Lenin dagegen ging davon aus, „daß die Arbeiter ein sozialdemokratisches Bewußtsein gar nicht haben konnten. Dieses konnte ihnen nur von außen gebracht werden. [...] Die Lehre des Sozialismus ist [...] aus den philosophischen, historischen und ökonomischen Theorien hervorgewachsen, die von den gebildeten Vertretern der besitzenden Klassen, der Intelligenz, ausgearbeitet wurden."[83] Aufgabe einer sozialistischen Partei mußte es nach Lenins Auffassung sein, die Arbeiterklasse zu führen und politisch zu erziehen;[84] um derart anspruchsvolle Aufgaben trotz der Verfolgung durch die Polizei bewältigen zu können, plädierte er für eine relativ kleine, streng zentralistisch geleitete „Organisation [...] aus Leuten [...], die sich berufsmäßig mit revolutionärer Tätigkeit befassen."[85]

Lenins Organisation sollte ihre Mitglieder selbstverständlich auch aus Arbeitern rekrutieren – anders hätte sie diese Zielgruppe ja kaum erreichen können – diese sollten aber aus Parteimitteln unterhalten und von ihrer aufreibenden Berufstätigkeit befreit werden. Wie die anderen „Berufsrevolutionäre" sollten sie einer strengen Disziplin unterworfen sein.[86]

Lenin hielt eine demokratische Organisationsstruktur unter den Bedingungen der Illegalität für kaum durchführbar und auch für unnötig. Gegen den „Demokratismus" setzte er „das volle kameradschaftliche Vertrauen der Revolutionäre zueinander. Und dieses ist für uns unbedingt notwendig, denn bei uns in Rußland kann gar keine Rede davon sein, es durch eine allgemeine demokratische Kontrolle zu ersetzen. Und es wäre ein großer Fehler, wollte man glauben, daß die Unmöglichkeit einer wirklich ‚demokratischen' Kontrolle die Mitglieder der revolutionären Organisation unkontrollierbar macht: sie haben keine Zeit, an spielerische Formen des Demokratismus zu denken [...], aber ihre Verantwortlichkeit empfinden sie sehr lebhaft, denn sie wissen dabei aus Erfahrung, daß eine aus wirklichen Revolutionären bestehende Organisation vor keinem Mittel zurückschrecken wird, wenn es gilt, ein untaugliches Mitglied loszuwerden."[87]

Vertrauen war also für Lenin so wichtig, daß er es durch eine strikte Kontrolle und alle möglichen Repressalien durchsetzen wollte. Auch wenn diese Kontrolle nicht „demokratisch" war, sah er die „Kameradschaft" zwischen Kontrolleuren und Kontrollierten davon doch unberührt.

Trotzkis Kritik

Zu den schärfsten Kritikern Lenins zählte Trotzki, der zeitweilig dessen Verbündeter in der Redaktion des Parteiorgans „Iskra" gewesen war. In seiner Schrift „Unsere politischen Aufgaben" aus dem Jahr 1904 warf er Lenin anhand konkreter Beispiele vor, seine Methoden führten zu einer „Praxis der politischen Substitution": „Die Gruppe der ‚Berufsrevolutionäre' war nicht an der Spitze des bewußten Proletariats marschiert, sie handelte, soweit sie überhaupt handelte, anstelle des Proletariats."

Die Zusammensetzung der Partei beschrieb Trotzki so: „Wenn wir auf den Inhalt unserer Arbeit blicken (und nicht nur auf den ‚Inhalt' unseres Bewußtseins, unseres Programms oder unseres Zentralorgans), so sehen wir eine über dem Proletariat stehende ‚Partei' [...]; klarer gesagt, eine Organisation, die sich zu drei Vierteln, wenn nicht zu neun Zehnteln aus der revolutionären Intelligenz zusammensetzt, die die primitiven Erscheinungsformen des (ökonomischen und politischen) Klassenkampfes des Proletariats leitet und von Zeit zu Zeit den Marsch ‚in alle Klassen der Bewegung' vollführt, d.h. am politischen Kampf der Bourgeoisie teilnimmt."[88]

Lenins Organisationskonzept führte nach Trotzkis Beobachtungen zur übermäßigen Konzentration auf technische Fragen und zur Vernachlässigung inhaltlicher Diskussionen. Es sei nur gegen heftigen Widerstand durchzusetzen, der gerade von den aktivsten Mitgliedern geleistet werde.[89]

Lenin selbst warf Trotzki diktatorische Allüren vor: „Er, Lenin, weiß die absolute organisatorische ‚Wahrheit', er hat den ‚Plan' und strebt nach seiner Realisierung. Die Partei würde in einen Zustand der Blüte eintreten, wenn er, Lenin, nicht von allen Seiten mit Ränken, Intrigen, Fallen umgeben wäre, als ob sich alles gegen ihn und seinen ‚Plan' verschworen hätte. [...] Mit anderen Worten, es erwies sich als unerläßlich für das Heil der Partei, ein Regime des ‚Belagerungszustands' zu errichten, an dessen Spitze nach römischer Terminologie [...] ein Diktator für den Fall innerer Unruhen stehen würde."[90]

Eine „Diktatur über das Proletariat" vorzubereiten, warf Trotzki zwar nicht Lenin selbst, wohl aber einer

Gruppe seiner Anhänger vor, die in der „Vorbereitung des Proletariats auf die Diktatur" die wichtigste Aufgabe ihrer Partei sahen.[91] „Die Genossen aus dem Ural sind völlig konsequent in der Ersetzung der Diktatur des Proletariats durch die Diktatur über das Proletariat, der politischen Herrschaft der Klasse durch die organisatorische Herrschaft über die Klasse."[92]

Auch die ökonomische Theorie von Marx bot Trotzki gegen Lenin auf: ähnlich wie in den Fabriken führe in einer politischen Organisation „die manufakturmäßige Teilung der Arbeit, die lebenslängliche Annexation des Arbeiters an eine Detailverrichtung und die unbedingte Unterordnung der Teilarbeiter unter das Kapital"[93] zur „Trennung des sozialdemokratischen Denkens von den technischen Funktionen, mittels derer es sich notwendigerweise realisieren muß. Die ‚Organisation der Berufsrevolutionäre', genauer noch ihre Spitze, erscheint als das Zentrum sozialdemokratischen Bewußtseins, und unterhalb dieses Zentrums befinden sich die disziplinierten Exekutoren technischer Funktionen."[94] Lenins Organisationsmodell führt nach Trotzkis Auffassung „dazu, daß die Parteiorganisation die Partei selbst, das ZK die Parteiorganisation und schließlich ein Diktator das ZK ersetzt."[95]

Lenin im Widerspruch zu Marx

In der Tat stand Lenin mit seinen Plänen in Widerspruch zu den Vorstellungen von Marx, der die Organisation nicht als ein für allemal zu erreichendes

Endziel betrachtet hatte, sondern als einen kontinuierlichen und widersprüchlichen Prozess: „Die Organisation der Proletarier zur Klasse, und damit zur politischen Partei, wird jeden Augenblick wieder gesprengt durch die Konkurrenz unter den Arbeitern selbst. Aber sie ersteht immer wieder, stärker, fester, mächtiger."[96] Lenins Vision der perfekten Organisation erscheint vor diesem Hintergrund wie eins der Systeme aus der Frühphase der Arbeiterbewegung, die Marx und Engels als „utopisch" bezeichneten:

„Die Erfinder dieser Systeme sehen zwar den Gegensatz der Klassen wie die Wirksamkeit der auflösenden Elemente in der herrschenden Gesellschaft selbst. Aber sie erblicken auf der Seite des Proletariats keine geschichtliche Selbsttätigkeit, keine ihm eigentümliche politische Bewegung.

Da die Entwicklung des Klassengegensatzes gleichen Schritt hält mit der Entwicklung der Industrie, finden sie ebensowenig die materiellen Bedingungen zur Befreiung des Proletariats vor und suchen nach einer sozialen Wissenschaft, nach sozialen Gesetzen, um diese Bedingungen zu schaffen.

An die Stelle der gesellschaftlichen Tätigkeit muß ihre persönlich erfinderische Tätigkeit treten, an die Stelle der geschichtlichen Bedingungen der Befreiung phantastische, an die Stelle der allmählich vor sich gehenden Organisation des Proletariats zur Klasse eine eigens ausgeheckte Organisation der Gesellschaft. Die kommende Weltgeschichte löst sich für sie auf in die Propaganda und die praktische Ausführung ihrer Gesellschaftspläne."[97]

Lenins „eigens ausgeheckte Organisation" war zwar vordergründig nur dazu gedacht, „die Organisation des Proletariats zur Klasse" zu fördern, entwickelte aber die Neigung, sie zu ersetzen. Es sollte sich zeigen, daß sie auch die noch zu schaffende Gesellschaft beherrschen und entscheidend prägen würde.

Statt als relativ harmlosen „Utopisten" hätte Marx Lenin aber wohl eher als gefährlichen Anwärter auf die Diktatur über das Proletariat behandelt. In der Polemik gegen Bakunin hatten Engels und er geschrieben: „Um den Erfolg der Revolution zu sichern, bedarf es der Einheit des Gedankens und des Handelns. Die Internationalen suchen diese Einheit zu schaffen durch die Propaganda, die Diskussion und die öffentliche Organisation des Proletariats; Bakunin braucht dazu bloß eine geheime Organisation von hundert Mann, den privilegierten Vertretern der revolutionären Idee; einen disponiblen, selbsternannten und vom permanenten ‚Bürger B.' kommandierten Revolutionsgeneralstab. Einheit des Gedankens und des Handelns heißt weiter nichts als Orthodoxie und blinder Gehorsam. Perinde ac cadaver. Wir befinden uns mitten in der Gesellschaft Jesu.

Der Ausspruch, daß die hundert internationalen Brüder ‚als Vermittler zwischen der revolutionären Idee und den Volksinstinkten dienen' müssen, schafft eine unübersteigbare Kluft zwischen der revolutionären Idee der Allianz und den Proletariermassen. Er proklamiert die Unmöglichkeit, diese Hundert-Garden anderwärts anzuwerben als aus den privilegierten Klassen."[98]

Lenin hatte seine Organisationspläne zwar nicht mit einer derartigen Verschwörungsromantik umhüllt wie Bakunin; verschwiegen und streng diszipliniert sollten aber auch seine „Berufsrevolutionäre" sein. Bakunins Organisation sollte „als Vermittler zwischen der revolutionären Idee und den Volksinstinkten dienen", diejenige Lenins den Arbeitern „von außen" „ein sozialdemokratisches Bewußtsein"[99] bringen – eine Formulierung, die die Adressaten sogar noch stärker in eine passive Rolle drängt. Und wie die spätere Praxis zeigte, stammte auch Lenins Führungspersonal ganz überwiegend aus den „privilegierten Klassen."

Das Volk mischt sich ein

Die russische Regierung versuchte wie die anderen Großmächte, sich Teile des zerfallenden chinesischen Reiches anzueignen. Obwohl man dabei oft gemeinsam vorging, blieben Interessenkonflikte nicht aus. Sie führten bald zu einem Krieg mit Japan, das sich ebenfalls in Korea und der Mandschurei festsetzen wollte. Der Zar und seine Minister mußten feststellen, daß Rußland dieser aufstrebenden Macht militärisch nicht gewachsen war, zumal es durch weite Land- und noch weitere Seewege zum Kampfgebiet benachteiligt war.

Die Bevölkerung wehrte sich gegen die Zumutungen, die der Krieg mit sich brachte, die Truppen wollten sich nicht mehr für Machtinteressen Rußlands opfern, die Regierung ging gegen durchaus loyale Proteste mit ungeahnter Brutalität vor – es kam zu einer ersten russischen Revolution, in der die oppositionellen Parteien gleich welcher Richtung Mühe hatten, ihrem Führungsanspruch gerecht zu werden. Die Volksmassen organisierten sich in Räten und schufen damit in eigener Verantwortung und Kreativität potentielle Grundlagen einer neuen Herrschaftsform, und Trotzki spielte dank seiner rhetorischen Talente und politischen Fähigkeiten eine wichtige Rolle im Rat der Residenzstadt St. Petersburg. Er führte gerade den Vorsitz, als ein Offizier mit dem Befehl zur Schließung des Rates eintraf; Trotzki nutzte den Anlaß zu einer Demonstration gegen die Gewalt der Polizei und des Militärs. Auch den nachfolgenden Prozeß machte er zur Tribüne der Agitation gegen seine Ankläger. Trotzki war jetzt berühmt, aber politisch weitgehend isoliert. Die Revolution wurde zwar niedergeschlagen, ihre Ursachen aber nicht beseitigt; mit ähnlichen Unruhen war also beim nächsten Anlaß wieder zu rechnen.

Lenins Diktatur der überwiegenden Mehrheit

Lenin zog seine Folgerungen aus den Ereignissen von 1905 in folgender Formel: „Wenn wir aus der von Marx beleuchteten Erfahrung Deutschlands die Lehren ziehen, so können wir ohne Zweifel zu keiner anderen Losung für den entscheidenden Sieg der Revolution gelangen als zu der Losung: revolutionär-demokratische Diktatur des Proletariats und der Bauernschaft."[100]

Befremdlich klingt hier nach dem heutigen Sprachgebrauch zunächst die Vorstellung einer „demokratischen Diktatur". Wir haben zwar gesehen, daß beide Begriffe nach Auffassung von Marx keine absoluten Gegensätze sind. Demokratische Institutionen allerdings, auf die Marx großen Wert legte, standen für Lenin nicht gerade im Mittelpunkt des Interesses.

In der Vorstellung der Diktatur nicht nur einer Klasse, sondern zweier verbündeter Klassen, die zusammen die überwiegende Mehrheit der Bevölkerung ausmachen, trieb Lenin den Gegensatz zwischen der Alleinherrschaft und den Interessen, die sie vertritt, bis zur Überdehnung. Die Willensbildung in einer solchen Herrschaftsform ist schwer vorstellbar; bei Interessengegensätzen mußte Lenins „Organisation der Berufsrevolutionäre" das letzte Wort zufallen. Eine Diktatur, die den Interessen mehrerer Klassen gerecht werden sollte, mußte scheinbar über diesen Klassen stehen; ähnlich hatte Engels den „Bonapartismus" definiert.

Auf die Dialektik des Begriffs „Diktatur" und seine spezifische Bedeutung geht Lenin nicht ein; für ihn ist das Wort anscheinend nichts anderes als ein Synonym für „Herrschaft".

Trotzkis „permanente Revolution"

Die Arbeiterparteien hatten 1905 eine starke politische Rolle gespielt, die Bürgerlichen ängstlich und inkonsequent agiert. Es war daher denkbar, daß in einer neuen Krise die russischen Sozialisten die Gelegenheit haben würden, ihre Forderungen im Rahmen einer revolutionären Regierung umzusetzen. Trotzki machte sich darüber Gedanken, unter welchen Umständen die Arbeiterpartei in eine solche Regierung eintreten könne, ohne dabei eine schwere Niederlage zu riskieren.

Ganz in der Tradition von Marx und vor allem Engels bescheinigte er Bauern, Kleinbürgern und auch den Intellektuellen einen weitgehenden Mangel an politischer Konsequenz: „Die Politik der liberalen kapitalistischen Bourgeoisie ist in all ihren Schwankungen und Rückzügen, bei all ihrem Verrat recht bestimmt. Die Politik des Proletariats ist noch viel genauer bestimmt und abgeschlossen. Aber die Politik der Intelligenz aufgrund ihrer sozialen Zwischenposition und politischen Haltlosigkeit; die Politik der Bauernschaft infolge ihrer sozialen Heterogenität, ihrer Zwischenstellung und Primitivität; die Politik des Kleinbürgertums wiederum als Folge seiner Charakterlosigkeit, seiner Mittelstellung und dem völligen Mangel an politischen Traditionen: die Politik dieser drei gesellschaftlichen Gruppen ist völlig unbestimmt, ungeformt, voller Möglichkeiten und also voller Überraschungen."[101]

Ohne die Arbeiterklasse war nach Auffassung Trotzkis eine Revolution nicht denkbar; sie müsse daher eine führende Rolle beanspruchen: „Es genügt, sich eine revolutionäre demokratische Regierung ohne Vertreter des Proletariats vorzustellen, um sofort die völlige Unsinnigkeit dieser Vorstellung zu erkennen. Die Ablehnung der Sozialdemokratie, sich an einer revolutionären Regierung zu beteiligen, würde eine revolutionäre Regierung überhaupt unmöglich machen und wäre somit Verrat an der Sache der Revolution. Aber die Teilnahme des Proletariats an einer Regierung ist nur dann objektiv sehr wahrscheinlich und prinzipiell erlaubt, wenn es sich dabei um eine führende und dominierende Beteiligung handelt. Man kann natürlich eine derartige Regierung Diktatur des Proletariats und der Bauernschaft nennen, Diktatur des Proletariats, der Bauernschaft und der Intelligenz oder schließlich Koalitionsregierung aus Arbeiterklasse und Kleinbürgertum. Aber die Frage bleibt nach wie vor: Wer hat die Vorherrschaft in der Regierung und hierdurch im ganzen Land? Und wenn wir von einer Arbeiterregierung sprechen, so antworten wir darauf, daß die Hegemonie der Arbeiterklasse gehören wird."[102]

Die scheinbar überparteiliche „Diktatur des Proletariats und der Bauernschaft", wie Lenin sie zu diesem Zeitpunkt propagierte, erweiterte Trotzki damit sogar noch um die „Intelligenz", also die in sich recht uneinheitliche Kategorie der Intellektuellen. Da mindestens ein Teil dieser Schicht gerade dabei war, seine „politische Haltlosigkeit" in das eiserne Korsett der Leninschen Organisation zu zwängen, lag die Vermutung nahe, daß ihr auch mindestens die intellektuelle Führung zufallen würde. Trotzki hingegen fand, daß in einer solchen Koalition verschiedener Klassen die Arbeiterbewegung die Vorherrschaft haben müsse; ohne eine solche Vorherrschaft sollte ihr eine Regierungsbeteiligung nicht „erlaubt" sein.

Die Macht, seine Vorstellungen durchzusetzen, hatte Trotzki allerdings nicht. Er fand sich auf Seite der Gegner von Lenins Organisationskonzept wieder, blieb unter diesen aber wegen seiner weitreichenden Pläne isoliert; diese Pläne wiederum brachten ihn der Position Lenins näher. Kein Wunder also, daß Trotzki sich 1907 von seinen früheren polemischen Äußerungen in einer etwas zweideutigen Selbstkritik distanzierte: „Die polemische Literatur beider Fraktionen ist sehr reichhaltig – zu reichhaltig: Ich kann das um so gelassener konstatieren, als ich selbst in der ersten Zeit daran teilhatte."[103]

Trotzki unterschied zwischen einem „Minimalprogramm" und einem „Maximalprogramm", wobei ersteres nur diejenigen Forderungen enthalten sollte, die mit dem Privateigentum an Produktionsmitteln vereinbar waren. Er prognostizierte aber, daß diese Grenze im weiteren Verlauf der Revolution ganz zwangsläufig überschritten würde. Die Arbeiter könnten sich nicht mit rein bürgerlichen Forderungen zufrieden geben, sondern müßten je nach Verlauf der Revolution sozialistische Forderungen auf die Tagesordnung setzen, die in der Konsequenz zur Abschaffung des kapitalistischen Wirtschaftssystems führen könnten.[104]

Die programmatischen Vorstellungen Trotzkis wurden unter dem Schlagwort „Permanente Revolution" bekannt. Er hatte damit den russischen Sozialisten zum ersten Mal eine Perspektive gezeigt, die darüber hinausging, für eine bürgerliche parlamentarische Republik zu kämpfen. Die Parole ging auf Marx zurück, der 1850 dazu aufgerufen hatte, die „Revolution in Permanenz" zu erklären.[105] Wie wir bereits von Engels vernommen haben, war dem allerdings bald die Einsicht gefolgt, daß die Zeit damals für die Abschaffung der kapitalistischen Wirtschaftsform noch längst nicht reif war.[106] Auch im Jahr 1907 war die revolutionäre Welle fürs erste verebbt. Bis zum Eintritt einer neuen revolutionären Situation mußten derartige Überlegungen also bloße Gedankenspiele sein.

7. Revolution und Diktatur

Ein spontaner Aufstand

Im Jahr 1917 nahm die Unzufriedenheit mit den Belastungen des Ersten Weltkrieges revolutionäre Formen an. Trotzki nahm bald an den Auseinandersetzungen teil und verfaßte später eine detaillierte und anschauliche Beschreibung der Ereignisse.[107]

Der 23. Februar wurde als internationaler Frauentag gefeiert. Die sozialistischen Parteien hatten zu den üblichen Versammlungen aufgerufen; statt dessen traten am Morgen des Tages die Arbeiterinnen einiger Textilfabriken in den Streik und forderten die Metallarbeiter auf, sich dem Ausstand anzuschließen.[108] Ungefähr 90000 Arbeiterinnen und Arbeiter streikten; es kam zu Demonstrationen und Zusammenstößen mit der Polizei. Schon am nächsten Tag wurden die rund 3500 Polizisten nicht mehr allein mit der Situation fertig wurden; das Militär wurde eingesetzt.

In Petersburg waren nach Trotzkis Angaben rund 150000 Soldaten stationiert, von denen aber nur etwa 10000 im Sinne der zaristischen Regierung als zuverlässig galten.[109] Die Soldaten drängten an vielen Orten zwar die Demonstrierenden zurück, schossen aber nicht; vielerorts baten Arbeiterinnen und Arbeiter sie sogar um Hilfe gegen die Polizei.

Am 25. und 26. Februar eröffnete die Polizei das Feuer auf Menschenansammlungen; einzelne Teilnehmer, die sich in der Zwischenzeit bewaffnet hatten, schossen zurück und versuchten, die Polizisten zu entwaffnen. Die Truppen verhielten sich uneinheitlich: einige Einheiten schossen auf die Demonstranten, die Mehrzahl blieb passiv, manche gingen sogar gegen die Polizisten vor. Bald verweigerten einige Truppenteile den Gehorsam. Um nicht bestraft zu werden, hatten sie ein großes Interesse daran, weitere Einheiten auf ihre Seite zu ziehen, was meist zu Auseinandersetzungen mit den jeweiligen Vorgesetzten führte. Am Abend des 27. Februar war die überwiegende Mehrheit der Truppen auf die Seite der Revolution übergegangen.

Die Kämpfe hatten nach Angaben Trotzkis über 1400 Tote und Verwundete gefordert; mehr als die Hälfte gehörte zum Militär, von dem Teile ja auf beiden Seiten gekämpft hatten, 60 waren Offiziere.[110]

Der Aufstand hatte sich scheinbar spontan entfaltet, die offiziellen Parteien einschließlich der Organisation Lenins waren den Ereignissen recht hilflos gefolgt, zumal ihre profiliertesten Führer sämtlich im Exil oder in der Verbannung waren. Natürlich kam es wiederholt zu Situationen, in denen einzelne Teilnehmer ebenso spontan Führungsqualitäten entwickelten, etwa wenn Offiziere ihre zögernden Soldaten mit Waffengewalt zwingen wollten, dem Feuerbefehl nachzukommen. Trotzki, der sich Lenins Gruppierung kurze Zeit später anschloß, versucht, diese zahlreichen Beispiele auf deren Konto zu buchen; als Führer des Aufstandes nennt er „die aufgeklärten und gestählten Arbeiter, die hauptsächlich von der Partei Lenins erzogen worden waren".[111]

Auch für den einst so kritischen Trotzki erscheint also im Rückblick die „Organisation der Berufsrevolutionäre [...] als das Zentrum sozialdemokratischen Bewußtseins", die kämpfenden Arbeiterinnen und Arbeiter nur noch als ihre „disziplinierten Exekutoren".[112]

Doppelherrschaft

Der Zar gab von seinem Hauptquartier in Frontnähe aus weiterhin Befehle, die immer weniger Beachtung fanden. Er versuchte, mit loyalen Truppen die Hauptstadt zu erreichen, wurde jedoch von streikenden Eisenbahnern aufgehalten. Schließlich blieb ihm nichts anderes mehr als die Abdankung.

Aus dem bisher machtlosen Parlament bildete sich sofort eine Regierung; die bürgerlichen Kräfte hatten in ihr die Mehrheit. Zugleich bildeten sich Räte, die die Regierung überwachten. Für die Vermittlung zwischen beiden Gremien wurde ein eigener Ausschuß eingerichtet.

Große Teile der Bevölkerung wollten den Räten die alleinige Macht geben, Lenins weniger radikale Gegner aber, die darin die Mehrheit hatten, lehnten das ab. Dafür traten sie in die Regierung ein; erst mit einem Minister, dann mit mehreren, denen aber weiterhin eine bürgerliche Mehrheit gegenüberstand. Die Regierung führte den Krieg weiter, einzelne ihrer Mitglieder entwickelten auch ehrgeizige Kriegsziele; dies stieß wiederum auf Proteste der sozialistischen Parteien.

Friedliche Demonstrationen schlugen in dieser Zeit oft in gewaltsame Auseinandersetzungen um, etwa in den Monaten April und Juli, als Demonstranten den Sturz der Provisorischen Regierung forderten. Ein Versuch des Generals Kornilow, die Hauptstadt mit Waffengewalt einzunehmen und die Räte aufzulösen, scheiterte. Eine Entscheidung in diesem Machtzwiespalt hätte die geplante Wahl einer verfassunggebenden Versammlung bringen können, die aber von den Regierungsparteien verzögert wurde. So dauerte die Doppelherrschaft fort, während eine gewaltsame Lösung des Konflikts vorbereitet wurde.

Als Diktatur der Arbeiter kann man diese Verhältnisse schon deshalb nicht bezeichnen, weil letzten Endes die Soldaten den Erfolg der Revolution gesichert hatten. Auch diese verhielten sich jedoch in keiner Weise diktatorisch: im Gegenteil entzogen sie einem despotischen Regime ihre bisherige Unterstützung und errichteten in den Räten ein Organ demokratischer Kontrolle über die neue Regierung, von der sie ihre Interessen nur unzureichend vertreten sahen.

Lenins neues Konzept

Lenin war inzwischen aus dem Exil zurückgekehrt. In einer ersten Stellungnahme forderte er den „Übergang der Macht in die Hände des Proletariats und der sich ihm anschließenden ärmsten Teile der Bauernschaft"[113] und näherte sich damit Trotzki an, der wiederum bald darauf mit einigen Mitgliedern einer eigenen Splittergruppe in Lenins Organisation eintrat.

In einer ausführlichen Streitschrift brachte Lenin seine Auffassungen über „Staat und Revolution" auf den neuesten Stand und ging dabei auch ausführlich auf die Äußerungen von Marx und Engels zu diesem Thema ein. Wie sehr er sich in Wirklichkeit von ihnen entfernt hatte, zeigt eine Stelle, an der er die Diktatur des Proletariats als „die Organisierung der Avantgarde der Unterdrückten zur herrschenden Klasse zwecks Niederhaltung der Unterdrücker"[114] definierte – letzten Endes also als die Diktatur seiner Partei, die ja als Vorhut der Arbeiterklasse konzipiert war.

Eine Diktatur der Komitees

Die provisorische Regierung führte den Krieg trotz großer Mißerfolge hartnäckig weiter und erzeugte damit immer mehr Unzufriedenheit unter der Bevölkerung. Lenin drängte zum Aufstand, stieß dabei aber in der Führung der Bolschewiki auf starken Widerstand. Die Ausführung übernahm schließlich Trotzki, der inzwischen Vorsitzender des Petersburger Sowjets war. Mit Hilfe eines Militärausschusses koordinierte er Truppenteile und Arbeitermilizen, die die Provisorische Regierung stürzen wollten; dies gelang schließlich fast reibungslos. Lenin bildete umgehend eine Regierung, in der seine Partei die Mehrheit hatte. In Moskau dagegen konnten sich die Aufständischen erst nach harten Kämpfen durchsetzen, anderswo im Land behielten die Anhänger der Provisorischen Regierung die Oberhand. Ein erbitterter Bürgerkrieg war damit vorprogrammiert.

Lenin und Trotzki sahen damit die „Diktatur des Proletariats" verwirklicht. Nach der Art der ausführenden Kräfte ist die so entstandene Herrschaft jedoch eher als eine Militärdiktatur zu bezeichnen, wenngleich in ihr auch Arbeitermilizen eine Rolle spielten. Die Führung lag der Form nach beim Petersburger Sowjet, deren Vorsitzender den Aufstand aber eigenmächtig herbeigeführt hatte. Damit stellte er wiederum seinen eigenen Rat vor vollendete Tatsachen und erst recht den gesamtrussischen Kongreß, der am nächsten Tage zusammentreten sollte.

Das Militärkomitee errichtete seine Diktatur also im Namen, aber nicht im Auftrag des Petrograder Sowjets, sondern in dem des Zentralkomitees der Bolschewiki oder jedenfalls seiner Mehrheit. Es stützte sich auf die Soldaten der Stadt, die aus Bauern und Arbeitern rekrutiert waren, sich aber von diesen durch ihre derzeitige Funktion durchaus unterschieden, sowie auf die Arbeiter, oder jedenfalls den Teil derselben, der sich bewaffnet und organisiert hatte. Aktiv war also nicht „das Proletariat", sondern nur ein relativ kleiner Teil desselben, der auch nicht unbedingt eine dominierende Rolle spielte. Immerhin wirkten beim Aufstand Initiativen „von oben" und „von unten" zusammen, man könnte also von einer Mischung aus Volksaufstand und Militärputsch sprechen. Bald aber gewann die Initative von oben die Oberhand. Lenins Regierung baute eine zentralistisch organisierte Verwaltung auf; ihre Armee griff auf Führungskräfte der alten Armee zurück und erzwang Gehorsam durch harte Strafen. Diese Aufgabe übernahm Trotzki und half damit Lenin eine Herrschaft zu errichten, die im Bürgerkrieg den meisten Arbeitern und Bauern wohl tatsächlich als kleineres Übel erschien, sich spätestens nach dessen Ende aber nur noch mit Gewalt halten konnte.[115]

Das Wesen des neu entstandenen Staatswesens beschrieb Lenin 1922 in einer seiner Streitschriften so: „Die Diktatur ist eine sich unmittelbar auf Gewalt stützende Macht, die an keinerlei Gesetze gebunden ist."[116] Nimmt man diese Formulierung wörtlich, konnten also auch die Naturgesetze, die Gesetze der Geschichte und der Dialektik ignoriert werden, auf deren Kenntnis sich Lenin sonst gerne berief.

Auch Lenin war aber durchaus zu einer realistischen Einschätzung seiner Herrschaft imstande. Im Jahr 1920 schrieb er: „Die Diktatur wird durch das in den Sowjets organisierte Proletariat verwirklicht, deren Führer die Kommunistische Partei der Bolschewiki ist [...] Die Partei [...] wird vom Zentralkomitee geleitet, das aus 19 Personen besteht und auf dem Parteitag gewählt wird; die laufende Arbeit in Moskau wird von noch engeren Körperschaften geleistet, dem sogenannten ‚Orgbüro' (Organisationsbüro) und dem ‚Politbüro' (Politisches Büro), die aus je 5 Mitgliedern des Zentralkomitees bestehen und in Plenarsitzungen des Zentralkomitees gewählt werden. Hier haben wir also eine regelrechte ‚Oligarchie'. Ohne richtunggebende Weisungen des Zentralkomitees unserer Partei wird in unserer Republik keine einzige wichtige politische oder organisatorische Frage von irgendeiner staatlichen Institution entschieden."[117] Die angeblich herrschende Klasse in Lenins „Diktatur des

Proletariats" benötigte also einen Führer, dieser kollektive Führer wiederum war streng an „Weisungen" einer „Oligarchie" von Bürokraten gebunden, an deren Spitze schließlich unbestritten Lenin selbst stand.

Despotismus im demokratischen Gewand

Der Aufbau eines vollendet despotischen Herrschaftssystems blieb jedoch Lenins Nachfolger Stalin vorbehalten, der in harten innerparteilichen Kämpfen seine Konkurrenten aus ihren Ämtern entfernen, aus der Partei ausschließen und schließlich umbringen ließ. Auf diese Weise errichtete er eine vollständige, streng hierarchisch geordnete Herrschaft über seine Partei und den von ihr regierten Staat. Er nutzte sie, um die wohlhabendsten Bauern zu enteignen, die übrigen in Arbeitskollektive zu drängen und das Land mit gewaltsamen Methoden zu industrialisieren; Millionen Menschen wurden dabei in Straflager gesperrt oder getötet. [118] Stalin verkündete offiziell, in seinem Staat seien keine inneren Klassengegensätze mehr vorhanden; impliziert war damit unter anderem, daß Vertreter abweichender Meinungen fortan als Agenten feindlicher Mächte betrachtet und behandelt wurden.

Wahlen zu den Staatsorganen wurden mit großem propagandistischen Aufwand – wenn auch ohne Gegenkandidaten – durchgeführt. Eingekleidet war Stalins Herrschaft also mit einer demokratischen Fassade, die auch noch Autoren der Gegenwart beeindruckt. So äußert sich der italienische Autor Luciano Canfora in seiner „kurzen Geschichte der Demokratie" anerkennend über das, „was in der UdSSR an konkreten Errungenschaften realisiert und in einer Verfassung, nämlich der von 1936 kodifiziert worden war."[119] Besonders erwähnenswert findet er, daß darin die „Mißachtung einer Rasse oder Nationalität" verboten wurde. Auch das in diesem Dokument proklamierte Recht auf Arbeit, dem allerdings auch eine Pflicht zur Arbeit gegenüberstand, das Recht auf materielle Sicherung im Alter und auf unentgeltliche Bildung hebt er hervor. Auf die Mißachtung konkreter Individuen, wie sie zur gleichen Zeit in unzähligen Fällen von Stalins Geheimpolizei praktiziert wurde, geht der Autor dagegen aus einer speziellen Perspektive ein.

Die Repression innerhalb der sowjetischen Kommunistischen Partei rechtfertigt Canfora mit der Behauptung, daß „Trotzki (zusammen mit Sinowjew und Kamenew) eine tiefe Spaltung, ja in gewissem Sinne ein Schisma herbeiführte."[120] Als Zeugen für angebliche Putschpläne Trotzkis zitiert er den Schriftsteller Malaparte, der damals Faschist war.[121] Gegen die übrigen prominenten Opfer Stalins führt er den italienischen Christdemokraten De Gasperi ins Feld, der unter Berufung auf nicht näher genannte amerikanische Quellen behauptete, daß „die Saboteure zwar keine gemeinen Betrüger waren, aber alte idealistische Verschwörer [...], die lieber den Tod auf sich nahmen als sich dem zu fügen, was ihnen als Verrat am Kommunismus in seiner ursprünglichen Form erschien."[122] Derart vage Anschuldigungen hätten gut in Stalins Prozesse gepaßt; als Argumente in einem politischen Diskurs sind sie nicht sehr überzeugend.

Als einziges prominentes Opfer unrechtmäßiger Gewalt erscheint in Canforas Darstellung Stalins Geheimdienstchef Berija, der nach dessen Tod „schon im Juli verhaftet und im Dezember 1953 von seinen Gegnern liquidiert wurde".[123] Der Autor erwähnt nicht, daß Berija in einem relativ fairen Prozeß nicht nur die üblichen phantastischen Komplotte vorgeworfen, sondern auch zahlreiche Fälle von Machtmißbrauch, oft mit Todesfolge für die Opfer, nachgewiesen worden waren. Berija hatte nach glaubhaften Belegen unter anderem routinemäßig Gefangene foltern lassen, in großem Umfang unrechtmäßige Hinrichtungen angeordnet und zahlreiche Vergewaltigungen begangen.[124] Sein Prozeß markiert daher den Beginn der Abkehr von den Methoden Stalins; Canfora scheint gerade dies für einen politischen Fehler zu halten.

Für das Herrschaftssystem Stalins, das dann auch auf zahlreiche abhängige Staaten übertragen wurde, bürgerte sich bald die Bezeichnung „Volksdemokratie" ein. Da das Wort „Volk" bereits im Wort „Demokratie" enthalten ist, hört sich dies zunächst nach einer unnötigen Ansammlung von Silben an. In Wirklichkeit war es eine Einschränkung: „demokratisch" war diese Herrschaftsform nur insofern, als sie sich zumindest in Worten für die Interessen des „einfachen Volks" einsetzte. Eine treffendere Bezeichnung wäre daher Volksdespotismus: ein Despotismus, der sich als Volksherrschaft ausgibt – und der die vorhandenen Klassengegensätze leugnet und damit hinter die Analyse von Marx zurückfällt.

8. Lehren für unsere Zeit

Das „Proletariat" in der Mehrheit

Schon Marx hat bei seinen ökonomischen Studien Argumente dafür gefunden, daß Arbeiter unter günstigen Umständen durchaus ein gewisses Maß an Wohlstand entwickeln können[125] und daß das kapitalistische System über weite Strecken die Möglichkeit eines relativ störungsfreien Wachstums bietet, in dem die periodischen Krisen die Stabilität nicht grundlegend bedrohen.[126] Tatsächlich ist in unserer heutigen Gesellschaft die überwiegende Mehrheit der Berufstätigen zwar abhängig beschäftigt, aber doch in einer ungleich besseren materiellen Situation, als man nach den ursprünglichen Prognosen von Marx annehmen müßte.[127] Auch die zunehmende Armut in den reichen und entwickelten Ländern gefährdet die Stabilität des politischen Systems nicht, solange die Armen wenigstens mit dem Nötigsten versorgt werden und sich ruhig verhalten. Der ständige Abbau der sozialen Sicherung, die fortwährende Verschlechterung der Arbeitsbedingungen und besonders die aktuelle Krise höhlen allerdings diese bevorzugte Stellung immer mehr aus.

Anders sieht es aus, wenn man die Entwicklung im Weltmaßstab betrachtet. Man stellt dann fest, daß der größte Teil der Erdbevölkerung tatsächlich in sehr ärmlichen Verhältnissen lebt, wenn nicht im Elend. Solche Tatsachen werden aus unserem Medienalltag weitgehend ausgeblendet; wir erfahren davon nur, wenn wieder einmal Scharen von Menschen in völlig überfüllten Booten oder auf anderen lebensgefährlichen Wegen versuchen, vor den Zuständen in ihrer Heimat in die industrialisierten Länder zu entkommen. Einfluß auf die Weltpolitik haben diese unterprivilegierten Massen bisher allerdings kaum.

Marx schätzte auch die Rolle des Kredits richtig ein, der wirtschaftliche Probleme zeitweilig überdecken kann, aber die Krise letzten Endes nur aufschiebt. Auch die akute Krise konnte nur durch immense Neuverschuldung fürs erste eingegrenzt werden. Riesige Löcher in den Bilanzen von Banken und Industrieunternehmen wurden nur um den Preis noch größerer Löcher in den Staatshaushalten gestopft. Ein baldiges Ende der relativ harmonischen Verhältnisse ist also durchaus denkbar.

Bisher nicht eingetreten ist dagegen eine andere Prognose von Marx und Engels, nach der Bauern, Kleinbürger und andere Mittelklassen allmählich im „Proletariat" aufgehen sollten. Die genannten Gruppen haben statt dessen im politischen Bereich weiterhin einen bedeutenden Einfluß, den sie nutzen, um Maßnahmen zu ihren Gunsten durchzusetzen: Subventionen für die Landwirtschaft, staatliche Regelungen für das Gesundheitswesen, ein System von Steuern und Abgaben, das ihnen im Gegensatz zu Lohnabhängigen zahllose Schlupflöcher bietet.

Die Mittelklassen profitieren damit von einem Phänomen, das Marx ebenfalls schon bemerkte, allerdings als Merkmal einer besonders korrupten Regierungsform ansah: der Umverteilung von Mitteln durch den Staat, die für unsere heutige Gesellschaft eine Bedeutung hat wie nie zuvor.[128] Unter diesen Umständen haben sie sich bisher als zuverlässige Stützen der bestehenden Ordnung erwiesen; Verbündete hat die Arbeiterbewegung in ihren Reihen selten mit Erfolg gesucht.

Diktatur im 20. Jahrhundert

Marx und Engels sahen auch in manchen bürgerlichen Staaten diktatorische Herrschaftsverhältnisse; andere Autoren stimmen ihnen darin zu. Nach der Reichsverfassung von 1919 etwa hatte der Reichspräsident für den Fall, daß „die öffentliche Sicherheit und Ordnung erheblich gestört oder gefährdet wird"[129] derart weitreichende Vollmachten, daß die führenden Staatsrechtler von einer „Diktatur des Reichspräsidenten" sprachen.[130] Festzustellen, ob eine solche Störung gegeben war, war einzig die Aufgabe der Amtsinhaber, die die Bestimmung recht selektiv handhaben. Ebert nutzte die Vollmacht unter anderem, um die Landesregierungen in Sachsen und Thüringen abzusetzen, die die SPD zusammen mit der KPD gebildet hatte; er griff so mit militärischer Gewalt in die Willensbildung seiner eigenen Partei ein. Hindenburg ersetzte 1932 die Regierung Preußens durch eigene Beauftragte und errichtete so zwar noch nicht im Reich, aber immerhin im größten Teilstaat eine Diktatur. 1933 übertrug er Hitlers Gefolgsmann Göring die Leitung des preußischen Innenministeriums und gab diesem so eine willkommene Starthilfe bei der Errichtung seiner eigenen Gewaltherrschaft.

Diese despotische Herrschaft ebenso wie die andersgearteten Despotien Lenins und Stalins werden in der Literatur meist als Diktaturen bezeichnet. Der präzisere Begriff des Despotismus dagegen ist weitgehend außer Gebrauch geraten. Angesichts dieser in der Zwischenzeit eingetretenen Begriffsverwirrung wäre es sehr unklug, heute noch irgendeine Form der Diktatur zu fordern. Es wäre auch sinnlos, da ja die Lohnabhängigen längst die Mehrheit der Gesellschaft ausmachen; von der Diktatur einer Mehrheit zu reden ist aber eine sinnlose Ausweitung des Begriffs. Die Formulierung von der „Diktatur des Proletariats" ist damit reif für das historische Museum; sie steht für das – gescheiterte – Projekt, die Herrschaft dieser Klasse bereits aus einer Minderheitsposition zu erringen.

Politische Theorie mit dem Hammer

Das Projekt der „Diktatur des Proletariats" läßt sich als Gegenentwurf zur von Marx diagnostizierten „Diktatur der Bourgeoisie" deuten. Daher stellt sich die Frage, ob man auch heute noch von einer solchen Diktatur sprechen kann.

Diese Auffassung wurde in der Tat noch in den siebziger Jahren vom französischen Leninisten Balibar vertreten. Die französische KP hatte soeben

die Forderung nach der „Diktatur des Proletariats"
ohne große Diskussion aus ihrem Programm gestri-
chen. Balibar wies mit Recht darauf hin, daß dies
auch schon 1936 unter Stalin geschehen war, der die
tatsächlichen Klassenkämpfe unter dem Deckmantel
der Harmonie verschwinden lassen wollte.[131] Die ein-
stimmige Streichung bedeutete also im Grunde, daß
man sich stalinistischer Methoden bediente, um sich
vom Stalinismus zu distanzieren, was nicht eben sehr
glaubwürdig wirkte.

Balibar dagegen hielt an der alten Parole fest: „Die
bürgerliche Diktatur ist eine Klassendiktatur (die Diktatur der Bourgeoisie), die proletarische Diktatur der
werktätigen Massen ist ebenfalls eine Klassendiktatur. Oder noch genauer: die These bedeutet, daß in
der modernen Gesellschaft, die auf dem Antagonis-
mus von kapitalistischer Bourgeoisie und Proletariat beruht, die Bourgeoisie uneingeschränkt über die
Staatsmacht verfügt, ohne daß sie sie jemals mit einer
anderen Klasse teilen noch auf die eigenen Fraktionen
verteilen könnte. Und dies, welches auch immer die historischen Formen sein mögen, unter denen sich die politische Herrschaft der Bourgeoisie realisiert, d.h. die
besonderen Formen, auf die die Bourgeoisie in der Geschichte jeder kapitalistischen Gesellschaftsformation
zurückgreifen muß, um die ständig von der Entwicklung des Klassenkampfs bedrohte Staatsmacht zu behalten."[132]

Nach dieser Argumentation ist die Bourgeoisie stark
genug, sich auf keinerlei Kompromisse einzulassen –
und verfügt über die übersinnlich anmutende Fähig-

keit, eine gemeinsame Linie zu finden, ohne diese erst in Fraktionskämpfen ausarbeiten zu müssen. Das Wort „Demokratie" ist aus einer solchen Perspektive im Grunde überflüssig, ist doch für Balibar „jede Demokratie eine Klassendiktatur",[133] und zwar „nur entweder die der Bourgeoisie oder die des Proletariats, die tendenziell die beiden Klassen der modernen Gesellschaft sind, die beiden Klassen, die durch die Entwicklung des Kapitalismus produziert werden."[134] Auf der Grundlage einer derart festen Überzeugung erübrigt sich auch eine detaillierte Analyse der gesellschaftlichen Verhältnisse: die Analysen von Marx und Engels, die in ihren zeitgenössischen Gesellschaften eine wesentlich komplexere Klassenstruktur vorfanden,[135] ignoriert der Autor. Ein solcher „Theoretiker" gleicht einem Handwerker, der seinen Werkzeugkasten mit der Begründung leerräumt, Hammer und Zange seien die einzigen wichtigen Werkzeuge; Balibars theoretisches Instrumentarium erinnert allerdings eher an die noch unzweckmäßigere Kombination von Hammer und Sichel.

Die Diktatur wird in einer solchen Interpretation zum Normalzustand; ein Wort für einen echten Ausnahmezustand ist damit nicht mehr vorhanden. Den Umstand, daß Marx tatsächlich einmal von einer „Klassendiktatur" sprach – allerdings ausschließlich mit Bezug auf die Arbeiterklasse – benutzt Balibar bis zum Überdruß, um seine Auffassungen in dessen Tradition zu stellen, die dutzende Male, bei denen Marx den allgemeineren Begriff „Klassenherrschaft" verwendete, erwähnt er nicht.

Balibar hat seitdem zahlreiche weitere Texte veröffentlicht, auf die hier nicht eingegangen werden kann. In einer aktuellen Publikation bezeichnet er den „Namen ‚Diktatur des Proletariats'" als ungenaue Zusammenfassung für das Problem der revolutionären Gewalt[136] – eine Aussage, die nach dem bisher gesagten selbst nicht sehr genau ist.

Die normale Vorherrschaft

Zu einer wesentlich realistischeren Einschätzung kam schon um 1930 der italienische Philosoph Gramsci, der den Unterschied zwischen bürgerlicher Demokratie und despotischer Herrschaft aus eigener Erfahrung kannte; er war als Gegner Mussolinis unter Mißachtung seiner parlamentarischen Immunität zu einer langjährigen Haftstrafe verurteilt worden. Gramsci bezeichnete die Normalform bürgerlicher Herrschaft nicht als Diktatur, sondern als Hegemonie.

Marx und Engels hatten den Begriff der Hegemonie oder Vorherrschaft auf das Verhältnis bestimmter Staaten angewandt, aber auch auf das Geschlechterverhältnis. An einer Stelle sprach Engels auch vom „Ringen des britischen Bürgertums um die soziale und politische Vorherrschaft"[137], das sich ebenso wie das des französischen Bürgertums über fast ein halbes Jahrhundert erstreckt habe.

Gramsci erforschte diese Vorherrschaft nun systematischer. Im Gefängnis schrieb er über die damaligen Zustände in Frankreich Sätze, die sich auch auf andere Zeiten und Länder übertragen lassen:

„Die ‚normale' Ausübung der Hegemonie auf dem klassisch gewordenen Feld des parlamentarischen Regimes zeichnet sich durch die Kombination von Zwang und Konsens aus, die sich in verschiedener Weise die Waage halten, ohne daß der Zwang gegenüber dem Konsens zu sehr überwiegt, sondern im Gegenteil versucht wird, zu erreichen, daß der Zwang auf den Konsens der Mehrheit gestützt scheint."[138]

Auch eigenwilliges und gegen die eigenen Parteien gerichtetes Verhalten gewisser Politiker hätte Gramsci einzuordnen gewußt: „Zwischen Konsens und Zwang steht Korruption-Betrug [...] also die Zermürbung und Lähmung, die [...] den Antagonisten zugefügt werden, indem deren Führer heimlich oder, bei auftretender Gefahr offen, gekauft werden, um Verwirrung und Unordnung [...] zu stiften."[139]

Einen wesentlichen Vorteil des bürgerlichen Lagers im Machtkampf sah Gramsci in seiner guten Organisation: „Die bürgerliche Hegemonie ist sehr stark und hat viele Reserven. Die Intellektuellen sind stark konzentriert (Institut de France, Universitäten, große Pariser Zeitungen und Zeitschriften), und obwohl sehr zahlreich, werden sie an den nationalen Bildungszentren im Grunde sehr diszipliniert. Die militärische und zivile Bürokratie hat eine große Tradition und hat einen hohen Grad aktiver Homogenität erreicht."[140] Die Vorherrschaft konnte sich also auf Ressourcen stützen, die in ähnlicher Form auch in unseren heutigen Staaten vorhanden sind.

Die Bürokratie hat in Deutschland eine mindestens ebensostarke Tradition wie in anderen Ländern. Geset-

ze werden ganz überwiegend von der Ministerialbüro-
kratie entworfen, wenn man sie nicht von externen
Dienstleistern oder gleich von den einschlägig inter-
essierten Lobbyisten gestalten läßt. Dazu kommt eine
weitere Ebene der Bürokratie in den Ländern, die über
den Bundesrat ebenfalls starken Einfluß auf die Gesetzgebung nimmt und ihre eigenen Domänen im kul-
turellen Bereich hat. Über all dem thront eine gänzlich
abgehobene und selbstherrliche Schicht von Bürokraten auf europäischer Ebene, die in immer mehr Berei-
chen das letzte Wort beansprucht.

Von den Medien ist keine grundlegende Kritik an
diesen Zuständen zu erwarten. Presse, Verlage, Privat-
fernsehen sind größtenteils im Besitz von Großunter-
nehmen; ihre Meinungsäußerungen lassen das in den
meisten Fällen erkennen. Die öffentlichen Rundfunk-
anstalten dagegen werden außer von den Parteien auch
von Kirchen und Verbänden dominiert; in dieser „Zi-
vilgesellschaft" sah Gramsci eine der stärksten Bastio-
nen der bürgerlichen Hegemonie.[141]

Unter diesen Umständen kann sich die herrschende Klasse im Regelfall auf Verbündete stützen, die
sich ihr unterordnen. Sie kann daher mit einem ge-
wissen Maß an Glaubwürdigkeit vorgeben, sie sei für
das Wohl aller tätig. Da dieser Rückhalt in den Le-
bensverhältnissen tief verwurzelt ist, kann eine solche
Herrschaft auch beträchtliche politische und ökonomische Krisen überstehen. Für die Rückkehr zur offenen
Diktatur dagegen gibt es in den fortgeschrittensten
Ländern zum Teil seit sehr langer Zeit keine Beispiele mehr. Sie dürfte unter heutigen Verhältnissen nicht

leicht durchzusetzen sein, würde sicher auf erheblichen Widerstand stoßen und schließlich auch die wichtigste Grundlage der Herrschaft gefährden: den Konsens.

Perspektiven für linke Politik

Eine realistische linke Politik muß also davon ausgehen, daß die bürgerliche Hegemonie in der Gesellschaft tief verwurzelt ist und mehr als eine gewöhnliche Krise dazu gehört, dies zu ändern. Forderungen nach irgendeiner Art von Diktatur wären unter diesen Bedingungen unrealistisch. Bereits zur Zeit von Marx und Engels sind derartige Pläne ja vor allem daran gescheitert, daß die Mittelklassen eben nicht gemeinsame Sache mit dem „Proletariat" machen wollten, sondern lieber die bürgerliche Hegemonie unterstützten, von der sie sich nicht ganz ohne Grund gewisse Zugeständnisse und damit eine Verbesserung ihrer Lage erhofften. Heute sind solche Parolen besonders schädlich, da sie der überwiegenden Mehrheit der Bevölkerung als Forderungen nach einer Rückkehr zu despotischen Zuständen aufgefaßt würden. Nützlich ist es dagegen, durch eine fundierte Kritik an solchen Zuständen zu zeigen, daß man auch nicht insgeheim irgendeine Form von Diktatur anstrebt.

Statt dessen liegen große Chancen in einem entschiedenen Bekenntnis zur Demokratie im ursprünglichen Sinne des Wortes. Der Normalzustand unserer heutigen Republiken ist die Herrschaft einer Elite, die sich in möglichst langen Abständen ein Minimum an demokratischer Legitimierung verschafft. Die Zeit des Wahlkampfs schafft für sie einen Ausnahmezustand, in dem sie sich genötigt sieht, dem Volk haltlose Versprechungen zu machen. Nach den Wahlen aber müssen sich höchstens solche Politikerinnen und Politiker an ihre Zusagen erinnern lassen, deren Bestrebungen den hegemonialen Klassen lästig werden.

Aristoteles betrachtete Wahlen nicht als demokratisches, sondern als oligarchisches Element einer Staatsordnung. In Zeiten, in denen man einen zehnstelligen Dollarbetrag aufwenden muß, um die Vorwahlen und schließlich die Wahl zum Präsidenten der USA zu gewinnen, ist man versucht, ihm zuzustimmen.

Bei allen Lippenbekenntnissen zur Demokratie stehen die etablierten Parteien also doch eher in der Tradition des Aristoteles, dessen Ideal der Politie – der Mischung oligarchischer und demokratischer Elemente – die tatsächlichen Verhältnisse auch sehr gut wiedergibt. In der heutigen politischen Sprache entspricht dem der Begriff der Republik; viele unserer heutigen vorgeblichen Demokraten sind also bei Licht besehen bestenfalls Republikaner.

Umgekehrt läßt sich aus dem Begriff der Hegemonie auch leicht ein strategisches politisches Ziel ableiten: es muß darin bestehen, seinerseits eine solche politische und kulturelle Vorherrschaft anzustreben. Da auch der Begriff des „Proletariats" nicht mehr zeitgemäß ist[142] und eine erfolgreiche Bündnispolitik auf jeden Fall zu einer solchen Strategie gehört, könnte man von einer „Hegemonie der arbeitenden Klassen" sprechen. In einer Zeit, in der gerade die unsichersten Arbeitsverhältnisse als scheinbare Selbständigkeit gestaltet werden, kann man potentielle Verbündete nicht deshalb ausschließen, weil sie nicht in einem festen Arbeitsverhältnis stehen. Dies gilt selbstverständlich auch für diejenigen, die ihr Berufsleben bereits hinter sich haben, sich durch Schule und Ausbildung darauf vorbereiten oder durch den ständigen Abbau von Arbeitsplätzen davon ausgeschlossen werden.

Eine solche Hegemonie läßt sich nicht einfach verfügen – sie muß erarbeitet werden. Angesichts der enormen Ressourcen der etablierten Eliten ist dies eine schwierige Aufgabe. Die Krise mag diese Aufgabe erleichtern, sie macht sie aber auch um so dringlicher. Es gilt zu verhindern, daß sie – wie schon in der ersten Hälfte des 20. Jahrhunderts – von offen reaktionären, gewalttätigen Kräften ausgenutzt wird.

Konkretere Ziele einer solchen neuen Hegemonie kann man nicht vorwegnehmen; ihre Definition wird vielmehr ein unentbehrlicher Bestandteil des Prozesses sein, in dem sie sich bildet. Spekulationen über die Besitzverhältnisse in einer solchen künftigen Gesellschaft wären also verfrüht. Den Prozeß, in dem sie entstehen könnte, haben Marx und Engels jedenfalls mit einer treffenden Formulierung vorweggenommen, als sie von der „Organisation des Proletariats zur Klasse"[143] sprachen. In eine modernere Terminologie übertragen heißt das: die arbeitenden Klassen müssen sich in stärkerem Maße darüber klar werden, wo ihre eigentlichen Interessen liegen; und sie müssen sich besser organisieren, um diese Interessen durchzusetzen. Gelingt dies, können wir uns getrost von den Ergebnissen überraschen lassen.

9. Ein Rezept mit Verfallsdatum

Wir haben gesehen, daß sich die Theorie von Marx nicht auf simple Rezepte reduzieren läßt. Wenn man bei dem Vergleich bleiben will, muß man anerkennen, daß Marx nicht einfach einen Beipackzettel hinterlassen hat, der vor Risiken und Nebenwirkungen warnt, sondern etliche Bände, die die gesamte gesellschaftliche Entwicklung mitsamt ihrer Chancen und Risiken analysieren und sich auch heute noch als sehr nützlich für Diagnose und Therapie der gegenwärtigen Probleme erweisen.

Marx hat mit seiner Formel eine tagespolitische Forderung aufgegriffen und sich als Arbeitshypothese zu eigen gemacht, auf eine dialektische Art, die nach einer Weiterentwicklung des Gedankens geradezu verlangt. Er hat seine Hypothese mit großer Vorsicht behandelt und lediglich in einer einzigen Publikation öffentlich vertreten. Wie auch in anderen Fällen verzichtete Marx auf eine Abstraktion, sobald er sie durch konkretere Beschreibungen ersetzen konnte.

Die Suchbeschreibung von Marx erlaubt es uns, den Staat einzuschätzen, den seine vorgeblichen Nachfolger errichtet haben: keine Diktatur des Proletariats, sondern eine Diktatur über das Proletariat, vor der Marx selbst, wenn auch mit anderen Worten, gewarnt hat. Die weitere Ausartung zu einem Despotismus im demokratischen Gewand wird dadurch völlig verständlich. Man versteht die Geschichte besser, wenn man den angeblich realen Sozialismus nicht für bare Münze nimmt, sondern als bürokratisch organisierte Naturalwirtschaft betrachtet, die sich vor die Aufgabe der ursprünglichen Akkumulation, also des Aufbaus einer Industriegesellschaft, gestellt sah.[144]

Marx hat aber auch einen echten Nachfolger gefunden, der seinen Begriff der Diktatur weiterentwickelte. Gramscis Analyse der modernen Gesellschaft führte ihn zu der Erkenntnis, daß die vielfältigen Machtressourcen ihrer Eliten sich besser mit dem Begriff der Hegemonie beschreiben lassen. Der Begriff der Diktatur ist darin als Sonderfall aufgehoben, die Grundlagen ihrer Macht werden verständlicher.

Marx entwickelte seinen Begriff der „Diktatur des Proletariats" in einer konkreten historischen Situation, in der diese ihm als einzige Alternative zur „Diktatur der Bourgeoisie" erschien. Für andere Lagen mit anderen Möglichkeiten hätte er sicher auch andere Rezepte zur Hand gehabt.

Wie wir in Kapitel 5 gesehen haben, steht die „Diktatur des Proletariats" für den Versuch, den Mittelklassen, die damals die Mehrheit der Bevölkerung ausmachten, „ihren Willen gegen ihren Willen zu tun". Die Mehrheit der Bevölkerung besteht in den industrialisierten Ländern längst aus abhängig Beschäftigten, und damit hat sich auch deren „Diktatur" erübrigt; es kann nur noch darum gehen, bereits vorhandene Möglichkeiten zu demokratischer Einflußnahme zu nutzen und auszubauen. Zumindest implizit hat Marx damit seinem berühmten Rezept auch ein Verfallsdatum mitgegeben; und das hat sich in dieser Betrachtung als längst abgelaufen herausgestellt.

Marx war also alles andere als ein politischer Kurpfuscher. Wer allerdings heute noch mit dem Wortlaut seiner berühmten Formel operiert, ohne auf ihre Dialektik einzugehen, setzt sich durchaus diesem Verdacht aus. Wer dagegen ihre innere Logik zu erfassen und an veränderte Verhältnisse anzupassen versucht, dem zeigen sich auch heute noch sehr weitreichende Perspektiven.

Anmerkungen

Die zitierten Texte sind jeweils bei der ersten Nennung durch Fettdruck einzelner Stichwörter hervorgehoben. Die hervorgehobenen Wörter werden bei weiteren Nennungen als Abkürzung verwendet.

[1] Marx, Karl und Engels, Friedrich, Werke (= **MEW**). Berlin: Dietz-Verlag (unterschiedliche Erscheinungsjahre). Bd. 24, S. 62.)

[2] MEW Bd. 25, S. 403.

[3] vgl. MEW Bd. 25, S. 413 - 457.

[4] MEW Bd. 4, S. 468.

[5] MEW Bd. 8, S. 115.

[6] **Dutschke**, Rudi, Versuch, Lenin auf die Füße zu stellen. Über den halbasiatischen und den westeuropäischen Weg zum Sozialismus. Berlin: Wagenbach 1984.

[7] **Bahro**, Rudolf, Die Alternative. Zur Kritik des real existierenden Sozialismus. Reinbek: Rowohlt 1980.

[8] vgl. **Mankwald**, Bernhard, Die Diktatur der Sekretäre. Marxismus und bürokratische Herrschaft. Norderstedt: BoD 2006. S. 143.

[9] MEW, Bd. 23, S. 779.

[10] **Lafontaine**, Oskar, Wir haben noch große und schwere Aufgaben vor uns. http://www.die-linke.de (25. Mai 2008).

[11] MEW Bd. 19, S. 28.

[12] **Platon**, Der Staat. In: Die **digitale Bibliothek** der Philosophie. Berlin: Directmedia 2001, S. 13673.

[13] Platon, S. 13691-13692.

[14] Platon, S. 13680-13681.

[15] Platon, S. 13639.

[16] **Aristoteles**, Politik. Hamburg: Meiner 1958, S. 91.

[17] Aristoteles S. 142.

[18] Aristoteles S. 10.

[19] Aristoteles S. 10.

[20] Platon, S. 13689-13690.

[21] vgl. **Meyer**, Ernst, Römischer Staat und Staatsgedanke. Darmstadt: Wiss. Buchgesellschaft 1961, S. 199.

[22] **Hobbes**, Thomas, Grundzüge der Philosophie. In: digitale Bibliothek, S. 21317.

[23] **Spinoza**, Baruch, Theologisch-politische Abhandlung. In: digitale Bibliothek, S. 23955.

[24] **Rousseau**, Jean-Jacques, Der Gesellschaftsvertrag. In: digitale Bibliothek, S. 26924.

[25] Rousseau, S. 26945-26946.

[26] **Hegel**, Georg Wilhelm Friedrich, Enzyklopädie der philosophischen Wissenschaften im Grundrisse. In: digitale Bibliothek, S. 35096.

[27] MEW Bd. 1, S. 231.

[28] vgl. Mankwald S. 23 - 27.

[29] vgl. Mankwald S. 27 - 34.

[30] vgl. Mankwald S. 13 - 15.

[31] vgl. Mankwald S. 16.

[32] vgl. Mankwald S. 50 - 53.

[33] vgl. Mankwald S. 54.

[34] MEW Bd. 4, S. 469.

[35] vgl. MEW Bd. 4, S. 472.

[36] MEW Bd. 4, S. 481.

[37] MEW Bd. 4, S. 482.

[38] MEW Bd. 21, S. 168.

[39] Marx, Karl & Engels, Friedrich, Ausgewählte Werke. Berlin: Directmedia 2000.

[40] MEW Bd. 17, S. 324.

[41] MEW Bd. 8, S. 87.

[42] MEW Bd. 10, S. 431 - 484.

[43] MEW Bd. 20, S. 239.

[44] vgl. MEW Bd. 23, S. 350.

[45] MEW Bd. 18, S. 563-564.

[46] vgl. auch Mankwald S. 61 - 63.

[47] Rousseau, S. 27024.

[48] Rousseau, S. 27027-27028.

[49] MEW Bd. 1, S. 571.

[50] MEW Bd. 20, S. 312.

[51] MEW Bd. 20, S. 464.

[52] MEW Bd. 7, S. 196.

[53] MEW Bd. 21, S. 453.

[54] MEW Bd. 7, S. 40.

[55] MEW Bd. 7, S. 69.

[56] MEW Bd. 8, S. 191.

[57] MEW Bd. 7, S. 32-33.

[58] MEW Bd. 22, S. 513.

[59] MEW Bd. 17, S. 338.

[60] MEW Bd. 17, S. 338-339.

[61] vgl. Mankwald, S. 64 - 65.

[62] MEW Bd. 19, S. 28.

[63] MEW Bd. 19, S. 28-29.

[64] MEW Bd. 19, S. 29.

[65] MEW Bd. 8, S. 196.

[66] MEW Bd. 8, S. 197.

[67] MEW Bd. 21, S. 167.

[68] vgl. **Weber**, Max, Wirtschaft und Gesellschaft: Grundriss der verstehenden Soziologie. 2 Halbbände. Tübingen: Mohr 1976.

[69] MEW Bd. 8, S. 576.

[70] MEW Bd. 21, S. 430.

[71] MEW Bd. 17, S. 336.

[72] vgl. **Duncker**, Karl. Zur Psychologie des produktiven Denkens. Berlin, 1935. S. 95-96.

[73] MEW Bd. 20, S. 129.

[74] MEW Bd. 7, S. 89.

[75] MEW Bd. 22, S. 514.

[76] MEW Bd. 17, S. 625.

[77] MEW Bd. 21, S. 273.

[78] vgl. Mankwald, S. 37.

[79] MEW Bd. 18, S. 359.

[80] vgl. Mankwald, S. 88-89.

[81] vgl. Mankwald, S. 82-99.

[82] MEW Bd. 3, S. 69; vgl. Mankwald, S. 110-113.

[83] **Lenin,** Wladimir Iljitsch, Studienausgabe in zwei Bänden. Herausgegeben von Iring Fetscher. Frankfurt: Fischer 1970, Bd. 1, S. 59-60.

[84] vgl. Mankwald, S. 110-111.

[85] Lenin, Bd. 1, S. 134.

[86] vgl. Mankwald, S. 111-112.

[87] Lenin, Bd. 1, S. 148.

[88] **Trotzki**, Leo D., Schriften zur revolutionären **Organisation**. Reinbek: Rowohlt 1970, S. 53-54.

[89] vgl. Trotzki, Organisation, S. 84-86.

[90] Trotzki, Organisation, S. 120 - 121.

[91] vgl. Trotzki, Organisation, S. 126 - 127.

[92] Trotzki, Organisation, S. 128.

[93] MEW Bd. 23, S. 377.

[94] Trotzki, Organisation, S. 81.

[95] Trotzki, Organisation, S. 73.

[96] MEW Bd. 4, S. 471.

[97] MEW Bd. 4, S. 490.

[98] MEW Bd. 18, S. 346.

[99] vgl. Anmerkung 83.

[100] Lenin, Band 1, S. 245.

[101] **Trotzki**, Leo, Die permanente Revolution. **Ergebnisse und Perspektiven**. Essen: Arbeiterpresse 1993, S. 230.

[102] Trotzki, Ergebnisse und Perspektiven, S. 230 - 231.

[103] Trotzki, Ergebnisse und Perspektiven, S.226.

[104] vgl. Trotzki, Ergebnisse und Perspektiven, S. 237 - 238.

[105] MEW Bd. 7, S. 254.

[106] vgl. Anmerkung 75.

[107] **Trotzki**, Leo, Geschichte der Russischen Revolution. Februarrevolution. Berlin: S. Fischer **1931**.

[108] vgl. Trotzki 1931, S. 107.

[109] vgl. Trotzki 1931, S. 112.

[110] vgl. Trotzki 1931, S. 145.

[111] vgl. Trotzki 1931, S. 156.

[112] vgl. Anmerkung 94.

[113] Lenin, Bd. 1, S. 383.

[114] Lenin, Bd. 2, S. 72.

[115] vgl. Mankwald, S. 128-132.

[116] Lenin, Bd. 2, S. 285.

[117] Lenin, Bd. 2, S. 322-323.

[118] vgl. Mankwald, S. 133-150.

[119] **Canfora**, Luciano, Eine kurze Geschichte der Demokratie. Köln 2006, S. 335-336.

[120] Canfora, S. 335-336.

[121] vgl. Canfora, S. 336-337.

[122] Alcide De Gasperi, Discorsi politici, Rom 1956, S. 15-18, zitiert nach Canfora, S. 338.

[123] Canfora, S. 286.

[124] vgl. **Nekrassow**, Vladimir F., (Hrsg.), Berija. Henker in Stalins Diensten. Ende einer Karriere. Augsburg: Bechtermünz 1997.

[125] vgl. Mankwald, S. 47-48.

[126] vgl. Mankwald, S. 54-55.

[127] vgl. Mankwald, S. 35-36.

[128] vgl. Mankwald, S. 68-70.

[129] Artikel 48, Absatz 2; vgl. Franz, Günther (Hrsg.), Staatsverfassungen. Eine Sammlung wichtiger Verfassungen der Vergangenheit und Gegenwart in Urtext und Übersetzung. München: Oldenbourg 1964, S. 201.

[130] vgl. Anschütz, Gerhard, Bilfinger, Karl, Schmitt, Carl & Jacobi, Erwin, Der deutsche Föderalismus. Die Diktatur des Reichspräsidenten.Berlin 1924.

[131] vgl. **Balibar**, Etienne, Über die Diktatur des Proletariats. Hamburg: VSA 1977, S. 23-29.

[132] Balibar, S. 34-35.

[133] Balibar S. 70.

[134] Balibar S. 55.

[135] vgl. Mankwald, S. 23 - 34.

[136] vgl. Balibar, Etienne, Zum Tode von Georges Labica (1930 - 2009). Das Argument 280/2009, S. 304.

[137] MEW Bd. 8, S. 5.

[138] **Gramsci**, Antonio, Gefängnishefte. Band 7. Hamburg: Argument 1996, S. 1610.

[139] Gramsci, S. 1610.

[140] Gramsci, S. 1611-1612.

[141] vgl. Gramsci, S. 1502.

[142] vgl. Mankwald, S. 47-49.

[143] MEW Bd. 4, S. 490.

[144] vgl. Mankwald, S. 206.